引きこもり・ニート・オタク・マニア・ロリコン・シスコン・ストーカー・フェチ・ヘタレ・電波

ダメ人間の世界史

山田昌弘&麓直浩

まえがき

　歴史上に現れ、英雄として賢者として世の中を導く偉人達。彼らがしばしば均衡を欠いた歪な精神を持っていて、社会生活や社会常識、社会規範に様々な不適合を示すことをご存じの方は多いでしょう。少々回りくどい言い方になりました。もう少し簡単な形に言い直しますと、偉人の多くが変人であるということは割と社会一般の共通認識となっていると言えるでしょう。

　そして、そのような偉人の変人ぶりは、色々なところで、いかに偉人が凡人と異なっているのかを強調する形で、ある場合には偉人を高みに持ち上げ崇拝するために、さる場合には崇拝への反発からあえて偉人を高みから引きずり落としコケにして楽しむために、何度も何度も繰り返し語られて来ています。

　とはいえ、偉人の変人ぶりというのは、それほどまでに凡人と異なるものなのでしょうか？

　よくよく偉人達を見てやって下さい。何となく、彼らが、どこかで会ったことのある人のような気がしては来ませんか？

　それからここで自分の周りを見回してみてください。結構、簡単に、偉人達と似たような性格を示す人間が見つかったりはしませんか？

　例えば、知り合いの誰とか彼とか、あるいは人には言えないけれど自分の中、そういった身近な人間の誰かの中に、歴史に名を轟かした偉人達とよく似た変態性、偏屈さなどなど、様々な人間的な偏りとキモさ、あるいは格好良ささえも、発見することはそんなに難しいことではないでしょう。実のところ、偉人が変わり者であるとは言いましても、偉人と凡人の間に絶対的な境界線を引かねばならないほど、その変の程度は特殊なものではなく、日常的に目にする程度の「変さ」に過ぎないのです。そう、偉人とは、私や、貴方や、知り合いの誰かみたいな、ちょっとだけねじけた、しようのないヤツが、ちょっとだけ才能と運と機会に恵まれて、妙に脚光浴びて立っているようなもの。ひょっとしたら明日には、私や、貴方や、知り合いの中の誰か一人や二人くらいは、彼らと肩を並べているかも知れない、偉人とはそんな感じの遠いが近い存在なのです。

そしてそれなら、偉人を凡人とは遙かな別次元の存在のように祭り上げ、あるいはそれへの反発で貶めする以外にも、偉人伝との接し方があっても良いはずです。例えば自分の精神的な同志・兄弟として、あるいはあたかも日頃付き合う近しい友がさらにもう一人増えたかのように、彼ら偉人達の伝記的事実に親愛の情を感じつつ、仲良くお付き合いする、そういう偉人伝の読み方、語り方が……。

ですので、本書はそんな遠くて近い偉人たちへの親しみ溢れる伝記を目指してみました。敢えて崇敬に満ちた偉人伝の銘を打たず、さりとて偉人を異物扱いして排斥するかのような変人伝をも名乗らない。変人よりも、もっと軽いニュアンスで、溢れるばかりの親愛の情を裏に隠した、彼らの歪みへの少しのからかいと呆れの念を込めて、仲間の一人に呼びかけるかのような気持ちで、彼らを呼ぶは「ダメ人間」。描くは世界史ダメ人間列伝。タイトルは、名づけて『ダメ人間の世界史』。

どうぞ、世界の偉人達の伝記の中に、もう一人の貴方の姿を、愛すべき貴方の友達を、見つけ出してあげてください。

まえがき　2

目次　4

「山」は山田昌弘、「麓」は麓直浩が執筆。

気の良い友人にたかりまくった質の悪い山師の話　～俺の話に一口乗らないか、なぁに勝負はこれからだよ～

管仲

（?～前645）

古代中国の斉の国の大政治家。斉の支配者である桓公に仕え、富国強兵を達成し、外交に手腕を振るい、桓公を覇者に押し上げた。

管仲は中国古代の斉の国において内政外交に活躍した大政治家で、軽率傲慢な主君桓公を巧く指導・操縦して、大きな業績を残しました。

斉は平野の少ない辺境地域にあって、元来、国力は乏しく、しかも内紛続きで、国威は振るわず民心も荒廃していたのですが、道徳より経済・実利を優先する政治思想の持ち主であった彼は、桓公に仕えて宰相となると、まず経済開発に励みます。彼は漁業、製塩業、養蚕業を促進し、商工業を振興して、斉を豊かな国に変え、それによって民心の安定にも成功しました。また彼は経済開発と共に軍事力の向上も図り軍制も整備しています。結果、斉は他国に先駆けて富国強兵に成功し、諸侯の間に強大国としての地位を手に入れることになりました。

そして管仲は、対外的には、その強大な国力・軍隊を背景にしつつ、それのみでない信義に満ちた外交を展開、斉に対する諸国の支持をとりつけます。かくして彼は、桓公を、諸侯連合の盟主である覇者の地位へと押し上げることに成功しました。

彼を失って後、斉の政治は迷走し、桓公の死後は内乱が生じる有様でしたが、管仲の施政の遺産として、斉はそれでも諸侯の間で強盛を誇ったそうです。

ですがこの大政治家は、結構人間的にアレな感じでした。まず、彼は非常に贅沢な人物で、かなり驕り高ぶった王者のような生活をしていたそうです。まあ実質的には、彼が王であり覇者であったと言っても良いので、その功績からすれば、これは非難するようなことでもなく、現に当時の斉の人々も彼の功績を思ってこれを当然のことと認容していました。

しかし、彼のダメな点を伝える伝承は他にもあり、若い頃のダメっぷりに至っては、ちょっと弁護するのが難しい感じになってきます。

彼の語るところでは、彼は、若い頃、三度仕官して、三度ともお払い箱にされた経験のある人物でした。また、彼は、親友の鮑叔牙《ほうしゅくが》と共同出資で商売したことがあるのですが、その時、利益配分に当たっては自分の取り分を余分に上乗せして持っていったそうです。それどころか、鮑叔牙の出資で事業に乗り出し、大損を出したこともありました。

これら、数々の大ボケにもかかわらず、管仲のことを高く評価する鮑叔牙は、管仲のことを信頼し続けます。管仲が何度もクビになっても時勢に合わないだけで管仲は別に悪くない、多く金を取ろうとするのは管仲が貧しいせいだから良いんだよ、大損こいても上手く行かない時があるのは当たり前。やがては管仲と鮑叔牙は斉の支配を巡って争う両陣営に分かれて仕官したのですが、その後、管仲が敗れて捕虜となり鮑叔牙の主君桓公に憎い敵だと殺されかかっていたところ、鮑叔牙は管仲をとりなし推挙します。結果、管仲は命を救われた上、宰相として鮑叔牙の上位に立って斉の国政を委ねられることになります。そして、ここから斉と管仲が大いに飛躍したのは冒頭に記した通りであって、管仲は自分を生んでくれたのは父母だが自分の真の理解者は鮑叔牙だと、鮑叔牙への感謝の思いを語り、世の人々も管仲の賢才を褒めるよりもまず人材を見抜く鮑叔牙の眼力を褒め称えたとか。

ちなみに、この鮑叔牙と管仲の友情から、管鮑の交わりと言う言葉ができ、麗しい友情を喩える成句として使われています。

なるほど、美しいですね。確かに、美しい友情というのは間違いではないでしょう。でも、この友情の麗しさ、実のところ友を支える鮑叔牙の行為が一方的に美しいだけですよね？　でもって、一方的にボケをかまして支えられっぱなしの管仲のダメ人間ぶりを、見落としてしまってはいけませんよね？

管仲はですね、貧しいくせにまともに職場に定着もせずフラフラフラフラフラフラ過ごし、挙げ句に親友が彼のことを思いやってくれるのにつけ込んで、わけの分からん事業に引きずり込み、大損出したり、自分ばっかり利益をせしめたりしてたんですよ。管仲は自分のことを、功名が天下に現れないことを恥じる人間とか称していますが、なんというかねえ、要するにこういうことですよね。俺はビッグになるとか吹いて、失敗ばっかり重ね、それなのに勝負はこれからだよとかニヤつきながら、野心で脂ぎった目つきで、これさえ上手く行けば人生勝ち組なんだが俺の話に乗らないかと親友に絡みつく。

若き管仲、すごく格好いいダメ人間ですね。

馬を愛して美食と装飾を与え続けた王様の話　〜ウチのペットちゃんはグルメで可愛いお洋服も大好きなの〜

楚の荘王

（?～前591）

中国、春秋戦国時代の楚の王。北上して晋を破り中原に勢力を伸ばし、名目上の天子・周王朝の権威に迫った。春秋五覇の一人。

楚の荘王は、中国春秋時代を代表する覇者のうちで初めて南方から出た人物です。荘王は南方の大国である楚の地方掌握に実績を上げ、従来国際関係を主導してきた中原地方の晋や斉を圧迫して、軍事的勝利を重ねました。名目的には中国全土の支配者ながら既に権威だけの存在となっていた周王朝の権威を疑う発言をした事でも知られています。個人的資質を見ても大国の英雄王らしく度量の大きい人物であった様です。ある時に配下の武将達を宴会でねぎらったところ、燭が消えて宴席が真っ暗になってしまいます。そして武将の一人が暗闇のどさくさにまぎれて荘王の寵姫にセクハラをはたらきます。寵姫はその武将の冠の紐を切って目印とし王に訴えました。王の側室に悪戯をしたのですからその武将は重罪を免れないところですが、荘王は家臣たち全員に冠を脱がせてから燭をともさせる事で誰が犯人かわからなくし彼の名誉を守ってやりました。その武将は感激し、荘王が戦場で危機に陥った際に命に代えて王を守ったといわれています。吉川英治や横山光輝の『三国志』で引用される話なので御存知の方も多いかと思います。

若い頃に諫言する者は処刑すると宣言して遊興に耽り、それでも敢えて諫言した者を人材として採用、彼らの助けにより覇業を達成したという逸話はよく知られています。この時、諫言した家臣に「三年鳴かず飛ばずでも、飛べば天まで上がり鳴けば必ず人を驚かす」と宣言しており、「三年たてば本気出す」といって実行した珍しい例な訳です。並の人間なら当初はそのつもりでも楽な方に流れてしまうものですけどね。ましてや数年単位で遊びほうけているわけですから。そう考えると意志力一つとっても相当な人物であったといえます。

しかし、本当に全てが家臣の気骨を見るための芝居だったのかどうかは疑問です。『史記』滑稽列伝によれば、荘王は愛馬に刺繍した衣を纏わせ、美しい建物に入れて棗や干し肉を食べさせていたそうです。その結果、馬は太り過ぎで死んでしまったとか。そこで、悲しんだ王は士大夫の礼で埋葬しようと考え、これに反対するものは死刑にすると脅しをかけています。結局、優孟という道化がやんわりと説得し「土の竈を槨(外棺)、銅の大鍋を棺にして、生姜を加えて混ぜ香草を供えうるち米を添えて祀り、火の光の衣を着せて人間の胃腸に葬るのがよろしいでしょう」(南條竹則『中華文人食物語』集英社新書、128頁)と唱えたため馬は桜鍋になって胃袋に「葬られた」そうですが。やれやれ。百歩譲ってこの際の脅迫も上述の逸話と同様に家臣の気骨を見るためだとしても、馬を溺愛し無意味な贅沢をさせる時点でダメダメです。しかも運動不足にして本来食べないはずのものを食べさせた挙げ句にメタボで死なせている辺り、本人にその意図がなくとも動物虐待と変わりません。やり過ぎて空回りしたペット好きである荘王は、家臣の反応を知る芝居だったにしろ素だったにしろダメ人間と断言してよいのではないでしょうか。

こう考えると、若い頃の遊蕩も本当に芝居だったのかどうか怪しくなってきます。最終的に成果を上げたため後世に良いように解釈されたのかもしれません。

社会参加は断固拒否、政治も結婚も真っ平ごめん、哲学という名の妄想に全てを捧げた頭でっかちな人々の話

タレス（前625頃〜前546） ディオゲネス（前412頃〜前323頃）

ヘラクレイトス（前540頃〜前475頃）

タレス、ディオゲネス、ヘラクレイトスとも古代ギリシアの哲学者。それぞれ万物の根源や重視すべき徳について述べている。

古代ギリシアには数多くの哲学者が存在しましたが、タレス、ディオゲネス、ヘラクレイトスはその中でも比較的知られた存在です。そして彼等はアクの強い人間としてよく知られた存在でもありました。

タレスは、ミレトス出身でギリシア哲学の祖といわれる哲学者です。万物を神々の所業で説明していた時代に世界を物質的原理から説明する画期的な考えを打ち出しましたが、魂は不死と唱えていました。天文学的分野に優れ、観測の結果から日食を予知、太陽・月の大きさを計算して推定、影の長さからピラミッドの高さを推定しました。幾何学にも長じ直角三角形が斜辺を直径として円へ内接することに気付いています。

その生涯については諸説あり不明な点も多いようです。政治活動に携わったという話もありますが、その一方で国事から離れ世捨て人として一生を過ごしたともいわれています。結婚して息子を残したと言う説がある一方で、生涯を独身で過ごしたという伝承もあります。なんでも、母親が若い頃に結婚を強く勧めた際に「ま

だその時期ではない」と答えて拒否。年を重ねた後にもう一度強く勧めたところ、今度は「もはやその時期ではない」という答えが返ってきたとか（いずれもディオゲネス・ラエルティオス、加来彰俊訳『ギリシア哲学者列伝（上）』岩波文庫、31頁）。社会性に乏しいダメな人ですね。哲学者には変わった例が多いと言われますし、古代ギリシア哲学者全般にニート的な性格が強いようですが、その始祖にこうした伝承が残っているのは何となくなるほどと思わされます。

ディオゲネスは、アテネでソクラテスの弟子であるアンティステネスに学びました。簡素な生活を良しとして禁欲を重んじ、社会的因習を嫌いしばしば世間の人々に毒舌をぶつけましたが、アテネ市民からは愛されました。「徳」を重視してそれを生涯にわたり高めることを主張、市民国家の法を重んじました。また理想の国家は世界国家であると唱えています。

そんなディオゲネスは変わり者として知られました。彼は物欲を否定し簡素な生活を送ったと言われます。彼の持ち物と言えば首から提げた食料入りの頭陀袋くらいで、眠るときは二重折にした古い上着に体を包むのみで寝具を使用しませんでした。また、どんな場所でも構わず食事をしたり眠ったり、自慰行為さえも平気で行ったと言われています。寝泊りするにあたっては神殿の柱廊や保管庫を住処とし、ある時は大樽で暮らした事は良く知られています。人から施しを受ける事で食いつないでいたようですが、財産家クラテウスから招きを受けた際には「クラテウスのところで贅沢なご馳走《ママ》をいただくよりも、アテナイで塩をなめている方をわたしは望みます」（ディオゲネス・ラエルティオス、加来彰俊訳『ギリシア哲学者列伝（中）』岩波文庫、31頁）と答えて断っています。ディオゲネスとしばしば論争したプラトンは彼を「狂ったソクラテス」と評していますが、確かにディオゲネスはソクラテスの一面を誇張したような存在と言えるようです。しかし、気候の暖かいギリシアだからできた事で、日本で同じような事をするのは難しいものがありそうですね。

ヘラクレイトスはエペソス生まれの哲学者で、万物の根源を火であると考えました。また、「生成」「流転」を重視し、全事物の基礎にある根本としています。更に、徳は宇宙の合理的な法則に人が服する事で成ると考え、当時の民間信仰を批判しています。

そんな彼は元来人間嫌いでありましたが、友人が追放されたのをきっかけに祖国の政治に絶望しアルテミスの神域に引きこもり子供たちとサイコロ遊びに興じるようになりました。彼の行動を不審に思って理由を知りたがった人々に「お前たちといっしょになって政治のことにかかわるよりは、ここでこうしている方がよっぽどましではないかね」（『ギリシア哲学者列伝（下）』９２頁）と答えたといいます。

晩年にはそれが高じて山に篭って人との交わりを絶ち草・葉を食べて過ごすようになったそうです。そんな生活をしていたものですから栄養失調に陥ったか中毒になったかで水腫ができるまでに至ってしまいます。医師にこれを何とかできないか打診するも満足な答えが得られず、身体に牛糞を塗りたくって身体を熱する事で体内から水を追い出そうとしたものの上手くいかず命を落としてしまいました。

人嫌いで山林に引きこもる心情はよく理解できますが、その山の草などを食べて生きていくという所まではとても真似できないです。感心すべきなのか呆れるべきなのか。

昔の哲学というのは、思想関連なんでもありだったんですね。今回の面子に関して、さすが哲学者というべきなのかそれともさすが古代ギリシア人というべきなのか、迷うところです。

寝ても起きても夢を見てフワフワ過ごした71年、妻の怒りも何のその、死ぬまで貫くニート道

ソクラテス

（前470〜前399）

古代ギリシア・アテネの哲学者。対話により善・徳を探求し、己の無知を自覚する事を唱えた。反対者の告発で処刑される。

ソクラテスは、弟子のプラトンともども西洋哲学の祖として扱われています。ソクラテスは、プラトンとクセノポンの著作により言動が記録されていますが、二人のソクラテス像はそれぞれ異なっており、プラトンがソクラテスを他と一線を画する見解を持つ哲学者として語る一方でクセノポンはソクラテスを道徳家として描いています。相手によって教え方や述べる内容が異なっていたと想像され、反対者からは弱い議論を強弁する妙な知恵の持ち主だと攻撃されていることも考えるとある意味ではソフィスト（詭弁術の使い手）に近いのかもしれません。実際、アテネにおける時の政権はソクラテスの弁論を恐れて彼が言論技術を教える事を禁止したりしています。また、当時を代表する悲劇作家エウリピデスの作品に協力したと伝えられてもいますから、弁舌だけでなく文章能力も相当なものだったと思われます。

ソクラテスは喜劇『雲』で働かないだの智慧だけで暮らしているだのと批判されていますし、「ソクラテスの弁明」でも「銭を儲けるとか、家事をみるとか……（中略）……には、関心をもたなかった」（田中美知太郎『ソクラテス』岩波新書、25頁）と言われていますからブラブラして過ごしていたと考えられます。もっとも、時々

利子を蓄えるために預金を行っていたという伝承もあるようですから、一種の財テクをやっていた可能性はあるようですが。若い頃に一定の財産を要する重甲兵となっていますから父親の遺産がある程度あったと推測されますが、晩年は貧乏だったようです。

そんな生活状況ですから、妻クサンチッペには日々ガミガミと怒られていたようです。彼女は悪妻として有名ですが、同情の余地があるのではないでしょうか。まあクセノポンによれば実の息子からも「あんなむずかしい性質は、誰だって我慢できないでしょう」（同32頁）と非難されている位ですから相当なものだったようですが。それでもソクラテスが処刑される際に「ソクラテス、あなたが仲よしのみなさんと、こうしてお話できるのも、もうこれが最後なのね。」（同30頁）と悲しんでいますから夫への愛情は持ち合わせていたようです。一方でソクラテスはといえば妻がガミガミ言うのに対しても、「もう僕は慣れっこなのさ。終始滑車のがらがらいう音を聞いているようなものだ。君だって、鵞鳥のがあがあいうのを我慢して聞いているじゃあないか」（同29〜30頁）などとうそぶく始末。また、プルタルコスによれば、友人と相撲場から帰った際にクサンチッペの機嫌が悪く食卓をひっくり返してしまったことがあったとか。友人が怒って出て行こうとしたらソクラテスは「君のところでも昨日、鳥が飛びこんで来て、これと同じようなことをしたが、ぼくらは別に腹も立てなかったのにねえ」（同34〜35頁）と宥めたそうです。大荒れな妻の抗議も、当のソクラテスにとっては蛙の面に水。あと、クセノポンによればソクラテスは妻についてこう述べたとか。

「馬を上手に取り扱おうとする者は、おとなしい馬よりも、むしろ悍馬を取って、自家用にする。それは悍馬を御することができれば、ほかの馬を御することは、易々たるものであると信ずるからである。わたしも上手に人間とつき合い、交わりたいと思うので、この女を妻にしたわけだ。この女を耐え忍ぶなら、ほかのどんな人間とも、やすやすとつき合って行けるだろうと確信したからである」（同36頁）

……何だかクサンチッペが気の毒になってきました。まあいくらソクラテスでもそんな理由で妻を選ぶとは思えませんから、負け惜しみでしょう。何だかんだいって彼も堪えていたのかもしれません。

ソクラテスは、「ダイモン」の指示する通りに動いていたと称しています。そのため彼の行動の中には周囲から見て奇異に写るものも少なくなかったようで、例えば、友人に食事に招かれた際に途中で一人考え事をして立ち尽くし仲間が呼んでも動こうとしなかった事もありました。ところが、仲間の一人は「かまわずにおく方がよいのだ。あれはあの人の癖なので、ひとりだけ離れて、どこへでも立止まることが、時折あるのだ」（同107頁）と平気なもの。……周囲も慣れっこなんですね。他にも空に向かって口をぽかんと開けて考え事に耽り、青トカゲに口の中へ小便をされたこともあったとか。白昼夢に陥る事がしばしばだったんですね。ちなみに、古代ギリシア一般において「ダイモン」という言葉は平常と違って上手くやったりへまをした際に用いられ、例えばオデュセウスは寒い夜にうっかり外套なしに外へ出てしまった時にこれをダイモンのせいにしています。日本人が「天狗じゃ、天狗の仕業じゃ！」とか言うようなものですね。

ソクラテスは、働かずにブラブラと過ごし奇行に走ったり白昼夢状態になることが良くあった。で、苦しい家計に悩まされる妻が荒れ狂ってみても馬耳東風。なるほど、親しい人間はともかく一般世間からは理解不能でしょう。彼は青年をまどわせたとかいうよく分からない理由で告発され刑死するのですが、結局、一般世間との折り合いの悪さが身を滅ぼす事になったんでしょうね。

ダメ人間百家争鳴　～中国古代戦国時代に続々現れた穀潰しの英雄たち～

呉起（前440～381）　蘇秦（?～前317）
張儀（?～前309）　淳于髡（前四世紀）

中国の戦国時代に活躍した逸材達。呉起は兵法家かつ政治家。蘇秦は外交戦略家。張儀は謀略家。淳于髡は学者にして王の助言者。

中国古代の戦国時代（紀元前五～三世紀）は、諸国が富国強兵に励み、物的人的資源の総力を挙げて争闘した時代でした。そのため、諸国は生き残りをかけて型破りな人材を続々抜擢しており、様々な人材達が大いに思想・発想を競い合う百家争鳴と呼ばれる状態が生じることとなりました。そして各国で偉大な功績を残した人材の中には、大勢ダメ人間の皆さんも紛れ込んでいます。ここではそんな百家争鳴するダメ人間の方々を紹介します。

まずは呉起。呉起は傑出した名将であり、優れた軍事理論家であり、偉大な政治家であった人物です。

彼はしばしば政敵の警戒・陰謀の的となり、魯、魏、楚と仕える国を転々替えざるを得なかったのですが、それら諸国のいずれにおいても武将として大いに活躍し、周辺諸国の軍を相手に連戦連勝しています。指揮した主な会戦76のうち64に完勝、残りが引き分けで、生涯無敗であったそうです。この彼の強さの理由としては、彼が用兵学を好み用兵に深く通じていたことはもちろんですが、そのうえ、彼が優れた統率者で兵士達の力を極限まで引き出したことがあります。彼は、将軍として軍を率いる際には、兵士の最下級の者と同じ衣食で生活し、寝る時にも敷物を使わず、自分の糧食を自ら運搬し、兵士が腫れ物に苦しめば自らその膿を吸って出してやるという態度で、大いに兵士達の信頼を得ており、兵士達は彼のために喜んで戦死していきました。また、彼は自らの軍事に対する理解を、優れた兵法書にして残し、軍事理論家としての名声を博しています。彼の著作は史上最も高名な兵法書『孫子』と並び称されており、戦国時代の末期には、家ごとに孫呉の書を保有していたと言われるほど、その評価は高いものでした。

そして政治家としての呉起ですが、魏において地方の統治者として活躍したほか、楚においては宰相として抜擢され国政改革に辣腕を振るっています。楚の宰相としての彼は、未開墾地を開発し、不要な官職を廃止し、国力の余裕を作り出します。また法律を整備したり貴族の世襲の特権を抑制するなどして、貴族勢力の弱体化・王権の強化を図り、国力を極限まで結集発揮することのできる中央集権体制を作り出します。そして、それによって確保した巨大な国力で、強力な軍隊を養成し、楚の国威を大いに高めることに成功したのです。戦国時代の諸国では、中央集権体制の確立が、諸国の課題となっていくのですが、呉起の楚における活動は、いち早くその課題に取り組んだ先駆的な偉業でした。そのため現代では用兵家として以上に、政治家呉起のほうが高評価されているくらいです。

ところが、この偉大な軍人兼政治家であった呉起は、時代に冠たるダメ人間でもありました。彼は、莫大な財産を有する家の子だったのですが、あちこち遊歴して仕官を求めては失敗を重ね、ついには資産を使い尽くしてしまい、郷里の人々に嘲笑される有様だったのです。そして、自分はどこかの国で宰相にならなければ決して帰郷しない＝俺はビッグになるまで帰って来ねえとか吠えて、完全に故郷と故郷に住む母を捨て去ったのです。若き日にまともな生業も営まず無駄飯食いの余計者として周囲に軽蔑されていた偉人、しかも口だけは元気な未来の偉人という手合いは歴史上いくらもいて、戦国時代だってそんな奴が色々いるわけですが、しかし、そういった連中は概ね他人の世話になってたとか、貧乏なのに働かないとかで、食らう無駄飯にも自ずと限度がありまして、巨大な財産をスッカラカンにした呉起は、無駄飯食い度が圧倒的に抜きん出ているのです。というわけで呉起こそ、ブラックホール級の戦国最強無駄飯食らいだったのです。

次の戦国ダメ人間としては、優れた弁舌で天下を動かした偉大な政治戦略家の蘇秦（?～前317）を紹介したいと思います。

彼は、群雄割拠状態から秦が超大国として抜きん出始めた戦国後期の政治情勢下、優れた弁舌で諸国の君主を対秦で団結するよう説き伏せ、六大国による対秦大同盟を形成して、その六カ国の宰相を兼務することになった傑物です。そして、この六カ国同盟の威力は、そこから十五年もの間、秦が東へ進出するのを押さえ込んだのだとか。

なお、当時、蘇秦と似たようなことを考えている人間は大勢いたそうで、実は、対秦同盟の構想自体に何もすごいことはなかったりします。ただ、六カ国もの君主を見事説き伏せた弁舌の偉才こそが彼とその他の同盟論者との違い。そして、それ以上に、様々に利害の対立する六カ国もの国々を、長きに渡って同盟につなぎ止め十五年もの間同盟を機能させた、彼の組織形成・維持の豪腕は素晴らしく、この点、まさに天才というより他ありません。

とはいえ、こんな偉人蘇秦は、既に述べてある通りダメ人間。彼は、若い頃、まともな生業を捨てて弁論術を学んでいたのですが、当然の結果として、非常な困窮に陥り、両親兄弟妹や兄嫁、妻妾といった家族親族にまであざ笑われていました。ところがビックリ、アホの蘇秦が大出世、一国の宰相ってだけでもすごいのになんとその六倍というわけで、彼のことをバカにしていた親族達は、彼が故郷を通過した際には、彼にせっせと媚びへつらうことになったそうです。ちなみに兄嫁に対してなんでそんなに恭しいのと蘇秦が問えば、兄嫁は必死にはいつくばって蘇秦が位が高く財産家だからとヘイコラ答えます。正直、ダメ人間をバカにするのは別に構わないと思うんですが、バカにしていたダメ人間が一山当てたとたん、その地位と財産だけ見てヘイコラしてくるこんな親族はちょっと嫌です。

ところで、蘇秦と似たようなことを考えている人間は大勢いたと書きましたが、蘇秦の業績とされている事項の中には、そういった人間の仕事も多く取り込まれているそうです。そのため、伝承をどこまで信用して良いか非常に難しい問題であり、蘇秦の歴史的な実像ははっきりしません。六カ国同盟もどの程度史実かどうか怪しい話だそうです。実際の蘇秦は大同盟の主唱者ではなく、六カ国の一つである斉の国が周辺諸国を征服するための外交策を練った人物だとも言われています。そして、極端な論者になると蘇秦は実在しないという説まで唱えていると言います。とはいえ、なんでもかんでも伝承を否定するのもつまらないことではありますから、ここでは、伝承される大同盟論者蘇秦の業績を、特に疑いを差し挟むことなく紹介しておきました。六カ国かどうかはともかく、大同盟を作り上げ、それを相当の年数に渡って巧く操った蘇秦という天才がいた程度のことは信じておきたいところですけどね。

お次は、大謀略家の張儀（？〜前309）。彼は、諸国の大同盟と対峙する秦において宰相となり、圧倒的な謀略の才で対秦同盟を切り崩し、秦の敵勢力の力を削ぐのに大きな貢献をした人物です。

彼は、優れた弁舌の才と、他国宮廷の奥深くまで広く強く影響力を及ぼす異常なまでの政治工作の才によって、他国の政策を巧妙に誘導・翻弄し、諸国を個別に秦と接近させて、対秦団結をできなくしてしまいます。また、秦にとって直近に位置し巨大な国土を持つ楚に対しては、内部の混乱を誘う工作が凄まじく、内部対立を煽られた楚は国力を弱め、せっかく巨大な国土を持ちながら秦に対抗する力を完全に失っていきます。

で、こんな偉大な謀略家張儀ですが、貧乏なのに書物ばかり読んで弁論術なんかにうつつを抜かしていたダメ人間。あまりに貧乏過ぎて、遊説して職を求めていた先で、泥棒疑惑をかけられボコボコに殴られ叩き出される始末です。多分、分不相応に本にばかり金かけたせいで、仕官目指してそれ相応の格好しようにも、着る服が無い、それ以前にそんな状況に陥らないよう本以外に金を振り向ける常識がないって有様で、どうにもまともな求職者には見えなかったってとこなんでしょう。真人間に擬態する最低限の配慮すら働かない、正真正銘のダメ人間です。ちなみに、妻には、なまじ本なんか読むからそんな目に遭うと、分不相応な高等遊民ぶりをなじられてたり。ほんと、偉人という連中はこんなヤツばっかりです。

更にもう一人、淳于髡《こん》（前四世紀）という知恵と弁舌に長けた斉の国の逸材を紹介しましょう。

当時、斉を支配していた威王は、長年遊楽に耽る暗君のふりをして不逞の家臣を泳がせるとともに秘かに国内の政治状況を調査観察していたのですが、威王の意図を見抜いていた淳于髡は、ある日、威王に立ち上がる時が来たことを知らせます。すると、威王は、威王が暗君だと思ってボロを出した悪徳地方長官を誅殺するなど、一気に斉の家臣団の綱紀を粛正、以後、名君として斉に君臨することになるのですが、これによって威王の信頼を得た淳于髡は様々に活躍の場を与えられます。

彼は、諸国に使者として派遣されてしくじることは無く、ある時は趙への援軍の依頼を成功させ、楚の斉に対する侵略を防ぎ止めています。あるいは、諸侯の接待役を務めて見事に斉の面目を保ち、あるいは王の助言者として王に過剰な宴会や無謀な出兵を諫め、あるいは多くの人材を推挙しました。

そしてまた、彼は斉の首都の臨淄の稷門に集められて稷下の学士と呼ばれた学者集団の頂点に立つ六大学者として、学者達の指導的地位を与えられました。彼は、特別な学派に属してはいないが博聞強記の人物であったそうで、なるほど、様々な学派の多才な学者達を統べるには適した人材であったというべきでしょう。

ちなみに、彼の才覚は他国でも高く評価されていて、魏の恵王からは宰相の地位を与えるとまで言われたのですが、彼はその誘いには乗りませんでした。

で、こんな彼もなかなかの偉人だと思うのですが、やっぱりこいつも上記の連中と似たようなダメ人間。彼は元は「贅婿」だったと言われています。「贅婿」とは、跡継ぎとしての婿入りでなしに、女の家に奴隷同然の地位で婿入りして寄宿する余計者の男のこと。要はお家の贅肉でして、無駄飯食らいのヒモの人って感じでしょうか。一応労働を提供する立場ではあるようなんですけど、口舌の徒である淳于髡の場合、自宅警備員（ニートの美称）以上の役に立つとは思えませんから、多分ヒモと呼んでも間違いないでしょう。

変態式国家論　神聖少年愛帝国の夢　〜神がかった狂気の域まで美少年を愛した男〜

プラトン (前427〜347)

古代ギリシアの哲学者で当時の哲学を総合・体系化。教育者として古代の学問の中心地となるアカデメイアという学園を開設した。

プラトンは前四世紀に活躍したギリシアの大哲学者で、それまでの哲学を総合・体系化した人物です。総合や体系化にどのような意味があったのかは、いまいちよく分かりませんが、どうもそれはかなり偉大なことらしく、実際、彼の名声は各地に轟いていました。例えば、法律を彼に作成してもらおうと、多くの国から依頼が舞い込んでおり、そのうちいくつかには応じたとも言います。哲学者に法律を作成させるというのは、正直どうかと思うのですが、これもプラトンが高い名声を誇った証拠ではあるでしょう。また彼は教育に尽力しており、彼の築いた学校のアカデメイアはその後も長く学問研究の一大中心地として尊崇を受けることになります。こちらは間違いなく偉大な業績ではないかと思います。

ただ彼は、哲学者や教育者としては偉大でしたが、そこに満足せず自らの分を超えた大それた構想を抱いて、痛い目にあったりもしています。すなわち、政治家は哲学者であるべきなんてとち狂った理想を掲げ、学者の分際で政治に色目を使い、政治家の側に仕えて政治家を教化しようとし挫折するとかいう醜態を晒しているのです。もっともこれを取り上げて彼をダメ人間呼ばわりするつもりはありません。確かに、人間としてはダメな行為ではありますが、浮世離れしながらも権勢欲や功名心の肥大する例も少なくない学者先生のこと、この程度は普通にあり得る事態であって、これをもって彼のみを、敢えて史上に残るダメ人間として、特筆するような問題ではありません。

では彼の何がダメなのかと言いますと、彼は少年愛に関してちょっとダメな人だったのです。ところで勘違いしないでほしいのですが、別に「少年愛自体が」ダメだと言っているのではありません。少年愛に関して、「彼が」ちょっとばかり異常でダメな奴だったと言っているのですよ。

こう言うとひょっとすると驚く人がいるかも知れません。なるほど少年愛などと言うと、現代の一般的な価値観からは十分奇怪な性癖に見えるでしょう。ですが歴史上の優れた知性の持ち主には同性愛の傾向が強く見られるとされているのであって、歴史に残る学者ともなれば少年愛くらいあって当然の性癖、凡俗から見れば変わってはいるでしょうが、それでもまあどうにか予想の範囲内、特筆するほどのこともない性癖なのです。そのうえ彼は古代ギリシア人。古代ギリシア人が、異常に少年愛を好んだことは有名です。古代ギリシアでは少年愛はごく一般的な趣味なのです。ギリシアの偉人の彼に少年愛の傾向がなかったとしたらそっちのほうが異常者なのです。

さて少年愛が正常か異常かなどという話はこの程度にするとして、それでは彼が少年愛に関してどう異常であったのかですが、それを理解するために彼が前380年代半ばに著したと考えられている『饗宴』という作品について少し触れることにしましょう。この作品は、エロスすなわち愛によって人間が神の高みへと到達するという実践哲学の道筋を、美しく描き出した哲学的文学作品なのですが、実は大々的に少年愛を扱っています。この作品の中でプラトンは登場人物達に愛について議論をさせており、一応そこでは男女間の愛についても触れられはしますが、それよりも男と男の愛、少年愛に圧倒的に重きを置いて議論が為されているのです。

そこでは登場人物達は、様々に少年愛の素晴らしさを讃えます。ギリシアでは少年愛がごくありふれた習慣であったとはいえ、それでも少年に言い寄る大人を非難する風潮もないでもありませんでしたから、自分たちの性癖を正当化しようと必死です。曰く、愛する者と愛される少年が、他のどんな者よりも互いの前においてこそ恥ずべき姿を晒すことを嫌って立派な行為に出るから素晴らしいとか、女なんて愚昧な生き物に向けられる凡俗の愛と違って強く理性ある男に向ける愛の方が高尚なんだとか、愛する年長者がその優れた能力で、愛される少年の知識や徳を増進させてやれるから素晴らしいとか……。そして話は絶頂へと上り詰め、神的な高みへと至ります。すなわち美しい少年や青年の類に夢中になって、一人の少年の個体の美に愛着し、一つの美しい肉体を熱烈に追求する段階を出発点として、一つの美しい肉体から二つの美しい肉体へ、二つの美しい肉体から更にあらゆる美しい肉体へ、そして美しい肉体から美しい職業活動、美しい職業活動から美しい学問、こうして階段を昇るように愛の対象を抽象化して高めゆき、ついには美しさ一般を愛し、美の本質、世界の根元の唯一絶対の存在である純粋な美そのものを哲学的に認識するに至る、愛の奥義が示されるのです。

言うなれば美少年の菊の花から神へと至る道。いいこと思いついた、お前、おれのケツの中で哲学しろって感じです。まあプラトンが世界の根元に対する哲学的認識を達成する実践哲学の道筋についてどう考えていたかは、この文章の本筋とは別に関係ありませんので、それはもう良いです。ここまで高らかに少年愛を歌い上げるのは、なかなか見られないことかもしれませんが、自己の行動や性癖を正当化するくらい、誰でもすることであって、ちょっと文才があり過ぎたばっかりに目立ってしまっているだけ。しかも少年愛は、美を認識するきっかけになっているに過ぎないとも言えるので、ギリシアで少年に美を感じ少年を愛することが普通であった以上、こういった話の流れも、まあギリギリ正常の範囲でしょうから、この点から彼をダメ人間呼ばわりするのも、適切ではないのです。それにしても長々と脱線して、すいません。

では話を本筋に戻しまして、彼が少年愛に関して異常だという点は、むしろ議論の途中で登場人物に吐かせた言葉にあります。すなわち、愛する男と愛される男が互いの前で恥ずべき姿を晒したくないために立派な行動に出るという、上述の主張に続けて曰く、「今かりに何等かの方途によってただ愛者とその愛する少年とのみから成る都市または軍隊が出現したとする、その時彼があらゆる陋劣から遠ざかりかつ互いに名誉を競うこと以上に自分の都市を立派に統治する途はあり得ないだろう。またもしこのような人達が相携えて戦ったとしたら、たといその数はいかに少くとも、必勝を期しえよう、——全世界を敵としても、と私はいいたい。実際愛者なる男にとっては、その持ち場を離れたり、または武器を投げ出したりするところを愛する少年に見られることは、疑いもなく他の何人に見られるよりも堪え難いことであろう。また彼はそれよりむしろ幾度でも死ぬことを願うであろう。……」(『饗宴』久保勉訳、岩波文庫、179頁)さすがにここまで行くのはどうでしょう。少年愛を武力に変えて、ぼくらは全世界に勝つこともできるってのは、ちょっと少年愛に入れ込み過ぎではありませんか？　しかもこれ、戦争が常態であった時代に生きた、厳しい戦争の現実を知っているはずの人の言葉ですよ。

既に述べたとおり、歴史上の優れた人物に同性愛的傾向は顕著に見られ、その中には軍事的に優れた人物も当然含まれています。しかし、そういった人々は、別に同性愛を原動力に戦場での強さを得ているわけではありません。同性愛関係にある人材を重用する例なんかも歴史上にはありますが、それだって同性愛によって支えられているのは忠誠心であって強さではありません。ですから、同性愛で軍隊一つ固めてしまおう、そうすれば超強いよなんて発想は、段違いに逝っちゃった空前絶後の偏執的発想。ここまで少年愛に入れ込むのは、さすがに行き過ぎた変態さんと言わざるを得ず、彼をダメ人間と呼んで問題ないのではないかと……。

と思ったのですが、前四世紀、すなわち彼と同時代に、テーベという都市の将軍パンメネスは、戯れに、同性愛で部隊を纏めれば、愛する男と愛される少年が互いのために踏みとどまるから崩れも敗れもしない部隊ができる、と言っていました。どうやらプラトンだけではなかったようです。それどころか、前四世紀のテーベには、ゴルギダスという人物が現れて、前378年、愛する男と愛される少年のみで三百名の「神聖部隊」という部隊を結成してしまいます。上には上がいるのですね。みんな頭おかしいと思います。ギリシアはアホの巣窟ですか？

ちなみに神聖部隊は、現実に、凄まじい戦闘力を発揮して、ずっと不敗を誇ってたりします。そして前338年、辺境の新興強国マケドニアの圧倒的な軍事力の前にギリシア諸都市が征服されたカイロネイアの戦いにおいて、彼らは最初で最後の敗北を喫することになり、一人残らず見事に戦死したそうです。実際、二十世紀初頭、彼らを埋葬したものと見られる254体の遺骨が戦場で発掘されています。見事な、実に見事な戦士達ですね。プラトン先生、貴方は正しかった。ギリシア人は貴方の夢を現実化し、見事歴史に大輪の華を咲かせましたよ。

おだて大好き、ほら吹きまくりの、ウザくてたまらん体育会系、周りにベッタリ絡みつく、面倒悪質な酒飲み野郎

アレクサンドロス

（前356〜323）

軍事的天才で知られる古代ギリシアのマケドニア王。ペルシア帝国を征服して、地中海からインダス川に及ぶ大帝国を創った。

アレクサンドロス大王は、古代ギリシアのマケドニア王国の王で、史上最高の英雄の一人に数えられる人物です。

彼は、五万に満たない戦力で超大国ペルシア帝国へと攻め込むと、ペルシアの大軍に連戦連勝、数十万の戦力を誇るとされる広大な帝国を数年で征服してしまいます。更に、彼はインドまで攻め込み、そこから帰還後は、アラビア半島や地中海の征服も準備・計画していたとか。ところが、それらの実施の前に、紀元前323年、彼は若くして病没します。

で、こう書いただけで、彼が偉人であることは明らかなわけですが、しかし彼の偉大さはこれでは全然語り足りません。彼の大征服は偉大ですが、大征服者というだけなら世界史上には彼に匹敵し得る英雄は少なからず存在しています。彼の偉大さの真価、彼が多くの英雄から抜きんでて史上最高の英雄の一人とされる所以を知るためには、むしろその征服を成し遂げる過程で発揮される軍事的手腕の、圧倒的な天才性をこそ見る必要があるのです。

戦場での彼は、天才的な眼力で、敵陣の死命を制する時と地点を見抜くやいなや、騎兵の先頭に立って敢然と突撃、敵勢を貫き通してその側背を制し、そこから敵兵を味方歩兵軍の堅固重厚な槍衾へと追い込んで粉砕殲滅する、という戦闘法を駆使して、戦史に輝く鮮やかな勝利を次々に挙げています。それらは前近代の戦術の模範と言うべき見事な戦術で、彼の軍事的天才を遺憾なく物語るものですが、それ以外にも、神速の追撃戦、敵の復活を許さぬ電撃戦略など、軍事のあらゆる面でその天才性は圧倒的。そしてこの圧倒的な軍事的天才こそ、彼の最も偉大な点なのです。

また、彼は政治家としても優秀で、ペルシアを征服すると、軍内に根強いマケドニア国粋主義を抑えて、ペルシア流の慣習・統治法を採用し、少数のマケドニア勢が広大な異境を治めるに相応しい体制の基礎を整えています。彼の死後、帝国は分裂し、その際、争闘する部将たちがマケドニア兵のご機嫌とりに財貨をばらまいて領土を搾りあげるのみであった結果、国力は弱まり現地臣民の忠誠は損われ、結果、マケドニア勢力は早々と衰退してしまいます。このことを思えば、現地融和を図った、アレクサンドロスの政治感覚の正しさ優秀性がよく分かるというものです。

そのうえ、彼は捕虜の女性に対する紳士的な応対など、基本的に人間性も悪くなく、おまけに美貌で若いんですから、英雄視されるのも当然ではあります。

で、このほぼ完璧な偉人中の偉人アレクサンドロスですが、しかし非常にダメ人間なんです。

実は、彼は酒癖が良くありません。常習ではないものの、酒の上で殺人と放火という蛮行に出たことがあります。とはいえそれら蛮行は、政治的に必要な粛正・示威宣伝行為と解釈する余地も多分にあって、必ずしも単純な蛮行として非難するわけにも行きません。また、ただの乱行と見るならば、ちょっと悪過ぎて、ダメ人間と言って笑って済ませる程度ではない。ところが、その点を政治的に必要な行動と善意で解釈して除外して考えるとしても、なお彼の酒癖は、ダメ人間。彼は

平生はすべての王の中でも人に対して最も良い快い態度を示し愛想も中々よかったが、酒の時には自慢話でうるさがられ兵隊風を出し過ぎた。自分でもえらく法螺を吹くばかりでなく、つい諂う人々に乗せられたために、列席している趣味のいい人々は、諂うものと競争するわけにも行かず、そうかと言って賞賛にひけを取りたくもないので当惑していた。褒めなければ身が危うくなるからである。（『プルターク英雄伝（9）』河野与一訳、岩波文庫、37頁、漢字仮名遣いを現代化）

……ウザいですね。なんか、体育会系のダメ先輩って感じ。しかも「兵隊風を出し過ぎ」って、アレクサンドロスは、大哲学者アリストテレスに教育受けた超学歴エリートで、王様なんていう超セレブなのに、俺は下々の兵士達と同じノリの出来るエリートやセレブの嫌みのない、イカした超ナイスガイなんだぜって、ウザい調子で周りに絡んでたってことですか？　野蛮な体育会系ノリで、吠えまくって周りを萎縮させて、それで仲良くやれてるつもりで馴れ馴れしくベッタリ絡んでくる。ウザいよ、ほんとこの人ウザいよ。しかも、適当におだてて接待接待しないと、怒るんでしょ。ダメ人間だ。本当にダメな絶対同席したくないタイプの酒飲みだ。

宗教に、はまって寄付して財布は空っぽ　～仏教優遇で国庫を傾け国家を成仏させかかった王様の話～

アショーカ王（生没年不詳）　蕭衍（464～549）

アショーカ王はマウリヤ朝の王。蕭衍は中国・梁の初代皇帝（武帝、在位503～549）。いずれも名君で知られ仏教を保護。

古代インドの伝説的君主・アショーカ王、そして南北朝時代の中国における南朝最高の名君・梁の武帝。この二人には仏教に篤く帰依したという共通点があります。

アショーカ王は父祖たちが築いた強大な軍事力を背景に、征服活動に出て南端部を除くインド全域を支配下に収めることに成功しました。しかしカリンガ王国を攻めた際に大きな犠牲を出したのに心を痛め、それを契機として仏教に帰依したと伝えられています。その後は仏教の教えを元として法に基づく集権的支配を目指すと共に仏教の伝道にも力を貸したとか。

このように理想化して語られるアショーカ王ですが、行き過ぎてダメっぽい伝説も残していたりします。王はしばしば仏教教団に対して喜捨を行ったのですが、歳を取るにつれてそれがエスカレートし晩年には国庫を傾けるまでに至ったとか。そのため、国の行く末を心配した大臣と王太子が王を幽閉。アショーカ王はその後も身の回りのものを寄進していましたがやがて何もなくなり、最後に食事として供されたマンゴーを喜捨して自らは飢えて果てたといいます。

自分の財産を寄付するのは確かに信仰心の表れであり陰徳かも知れません。でも、民を安んじるために用いてしかるべき金を坊主の腹を満たすためにつぎ込むのはどう考えても本末転倒です。こんなのは徳行とは言いません、ただの愚行です。

もっとも、この話が事実かどうかはかなり怪しいようです。アショーカ王が個人的に仏教に帰依したのは事実のようですが、残された各地の磨崖碑や石柱碑の内容から伺う限りでは伝統的なバラモン教やジャイナ教にも配慮しており必ずしも仏教一辺倒ではなかったようです。おそらくは政治的には破綻なくバランスを取っていたと考えるのが妥当でしょう。上述の話は後世の仏教教団が王の徳を称えるために作った逸話なんでしょうが、明らかに贔屓の引き倒しでしかないと思います。

次に、蕭衍《えん》（梁の武帝）について述べます。彼が生きた時代は、中国が華北と江南に分かれて争った南北朝時代。北朝は北方異民族により支配され、南朝は漢民族の王朝が貴族社会を築いていたのです。蕭衍は当時、南朝社会において国家の命運を握りながらも貴族達には卑賤視されていた軍人の家柄の出身でしたが、粗野な人物が多い当時の軍人には珍しく高い教養を持っていました。そのため従来、南朝を支配していた軍人政権に蔓延っていた暴力性・野蛮性を駆逐する事に成功します。また、社会に隠然たる勢力を持つ貴族の改革も行い、政治を刷新し実力重視の人材登用を可能としました。その結果、それまで戦乱や政変が絶えなかった南朝は半世紀近くにわたる平和を享受。最晩年に反乱のため国家が乱れ晩節を汚したとはいえ、現在でも蕭衍が南朝屈指の名君と評価される由縁です。

そして蕭衍はアショーカ王と同じく仏教に傾倒しています。首都建康には仏教寺院が五百近く建立され、僧尼の数も十万を越えたそうです。蕭衍自身も仏教の教理に明るく、著作を残しているとか。しかし、のめり込み過ぎて問題を起こしたところまで同じでした。蕭衍は「三宝の奴」と自称し、進んで仏教寺院の奴隷となったりしています。ちなみに三宝とは仏・経典・僧の事であり仏教そのものを意味します。要は、彼は我が身を仏教に捧げて奉仕する事を決意したわけですね。しかし困ったのが帝国の家臣たち。皇帝が政務をほっぽり出して寺に篭ってしまったのでは政治的空白が生じてしまいますから、寺に懇願して身柄を引き取ったのですがその際に一億銭を寺院に奉納する必要が生じたとか。しかも、こんな事態が一回限りに留まらず三度までも行われたのですからたまりません。仏教への傾倒によって国家財政に負担がかかったといいますが、この繰り返された出家騒ぎも間違いなくその一因だと思います。

弊害は経済問題だけに留まりませんでした。彼は晩年には慈悲の政治を唱えるようになるのですが、側近や重臣が罪を犯しても処罰しなかったり軽い罰で済ませる事がまま見られたとか。それは慈悲深いんじゃなくて、けじめがないだけです。歳をとって決断力や気力が衰えたのが本質的な原因でしょうが、仏教がそれに対する言い訳を与える結果になったのは確かです。こうした君主としての衰えが叛乱に繋がり、陥落した首都で反臣に幽閉されて死ぬという悲惨な最期へ彼を導いたのでしょう。

二人とも、王者となる際に多くの犠牲を出した事への罪悪感から仏教を信仰するようになったようです。彼等は感受性も人一倍強かったでしょうから、精神的救済を求めたとしても不思議ではありません。更に国家の安寧を祈る気持ちもあったでしょう。しかし、だとしてもそれで国が傾くとしたら角を矯めて牛を殺すようなもの。アショーカ王の方は伝説の域を出ませんが、蕭衍はと言えば史実なので困ったものです。

天下を取ったニートの大将　ゴロツキ・グータラ・女好き

劉邦（前247～前195）

前漢の建国者。在位前202～前195年。廟号は高祖。秦滅亡後に項羽と天下を争い、垓下の戦いで勝利し天下を統一した。

中国古代の漢王朝は前漢・後漢あわせて四百年近くにわたり統一を保った長寿王朝ですが、その漢を創立したのが劉邦です。劉邦は江蘇省沛の農民の出身で、秦末に陳勝・呉広が反乱したのに乗じて挙兵しました。項羽らと連合して秦と戦い、秦の都咸陽を占領。その後は最有力者となった項羽と戦ってしばしば敗戦しましたが、最終的に垓下の戦いで勝利しました。一介の農民から身を起こし、四百年にわたる最長寿王朝の祖となった劉邦は、その後の中国における君主の理想像とされています。確かに、その後の長寿王朝を見ても唐・清が三百年、明が二百七十年、北宋が百七十年、元が百年と漢がぶっちぎってますからね。まあ、四百年のうち後漢二百年の業績は再興した光武帝に帰すべきじゃないかという気がしますけど。それでも、前漢二百年だけでも十分に偉大です。劉邦は本人の能力は特別高いわけではないものの張良・韓信・蕭何・陳平といった文武の名臣に恵まれその才を生かす度量があったと一般に評価されています。なにしろ韓信が劉邦を評して「陛下は将軍としては十万を率いられるに過ぎないが、将に対して将たる器である」と述べたくらいですからね。とはいえ、韓信ほどの名将が十万もの大軍に将たり得ると評価する劉邦の軍事的力量も相当のもの。確かに項羽には大敗を喫していますが、時代に冠たる猛将相手のことですし、様々な臣下を差し置いて劉邦自身を項羽に当てていることは、軽視してはならない事実でしょう。項羽に城を落とされた後も項羽が去るや否や奪還に成功していますし、天下をとった後でも勇将で知られた英布を始めとする有力者達の反乱に対ししばしば親征して鎮圧しています。第一、挙兵して秦と戦っているときは彼自身が楚配下の一方面司令官として業績を挙げたわけですし。同時代のトップ級には敵わないにしろ、相応に将軍として有能だったと見るべきでしょう。

さて劉邦は貧しい農家の末っ子に生まれましたが、家業を手伝うことなく女・酒を好んで任侠の士（要はゴロツキです）と付き合い、生活は兄の一家に頼っていたため兄嫁から嫌われていたと言われています。しばらくはニート生活をしていたものの周囲の勧めもあったのか壮年期になって故郷・沛で亭長（最下級の役人）という手近な職にともかくも就きましたが、勤務態度はいい加減であったと伝えられています。その癖、妙に態度が大きい大ボラ吹きでもありました。彼はなぜだか名士・呂公に見込まれてその娘を娶ることになったのですが、この時にも呂公の宴会に持参金一万銭と大ボラ吹いて上席につくという大それた事をしでかしています。加えて、無職時代・亭長時代共に蕭何に法的な問題で世話をかけたり、夏侯嬰《えい》を誤って怪我をさせたにもかかわらず庇ってもらったりと職場仲間相手に様々なトラブルを引き起こしたりもしていました。そもそも、亭長という職自体が堅気のする仕事ではなかったようですから、周囲もそんなものだと諦めていたんでしょう。

それでいてこれまたニートで鼻つまみ者であった韓信とは違い、周りから妙に好かれていたようです。誰とでも親しくなり、馴れ馴れしく冗談を言い合う仲だったとか。勤めがいい加減で態度が大きな大ボラ吹きのトラブルメーカーという、どうしようもない人物ではありましたが、割合に素直だったり飄々とした所が憎めない魅力であったのでしょうか。問題を起こした際も庇ってくれる人物やついて来る人物がいつもいました。これが後々まで劉邦の大きな財産となります。

各地で反乱が頻発すると、人気者であった劉邦は郷里の人々に御輿として担ぎ出され乱世に名乗りをあげる事になります。こうして人の上に立っても素行は修まらず、堅苦しい儒者を嫌ってその冠を脱がせて中に小便したりと無作法を通り越して野蛮な行動に出たりしていますが、それでも人に好かれるのは相変わらずでした。相手のプライドを逆撫でする言動・行動を平気でとる反面、自分が家臣から面と向かってボロカスに言われても気に留めない鷹揚な一面がありましたからその辺が強みだったんでしょうね。例えば、「陛下は桀や紂のような君主です」なんて正面から堂々と憎まれ口を叩かれても笑って済ませられる人はそうそういないと思います。ちなみに桀・紂《ちゅう》とは中国古代の伝説的暴君のこと。無茶苦茶な言われようですな。

思うに、憎めない人柄による人望に加えて、素直さや寛容さが劉邦を覇者に押し上げたのではないでしょうか。自分の限界をよく知っていたんでしょうね。

漢帝国には建国の功臣である韓信・陳平、はるかな末裔の劉備と、ニート臭い関係者が色々いるのですが、さすがに建国者はそれらの親玉に相応しい前半生を送っていた訳ですね。しかし、元ニート・怠け者でならず者が乱世の覇者となり長寿王朝の開祖として仰がれ、後世にまで理想の帝王と称えられる。人生は、歴史は本当に分からないものです。

ニート三連星の天下を勝ち取るジェットストリームアタック　～劉邦に天下を取らせたニート達～

張良（?～前186）　韓信（?～前196）　陳平（?～前178）

劉邦を補佐し漢王朝成立に貢献した功臣。張良・陳平は参謀として劉邦を智謀面で支え、韓信は将軍として多くの戦いに勝利。

漢王朝創立に貢献した家臣たちは数多いですが、張良・韓信・陳平はその中でも代表的存在といえます。

張良は字は子房といい、韓の宰相の家柄でした。韓が秦に滅ぼされると、始皇帝暗殺を企図するものの失敗。後に、知謀によって劉邦を助けて秦を滅ぼし項羽との戦いでも多くの策を立案し漢建国に貢献しました。漢王朝成立後は留侯に封ぜられ、蕭何・韓信と共に劉邦配下の三傑とされます。

彼は漢成立後に隠遁して穀物を絶って仙人になろうと目論んでおり、世間を忌んでの脱俗志向が強い人物でした。神秘的な隠者から兵法を授かるといった伝説も彼の性質を反映して生まれたと考えられ、早い段階から神仙への憧れが強かったと推測できます。そう考えると、劉邦に出会う前の隠遁も秦の官憲から逃れるためとはいえニート的な側面があった可能性はあります。同時期に秦から警戒されお尋ね者であった張耳・陳余が村の門番として働いていたのを考えると必ずしも隠遁を選ぶ必要はなかったと言えますしね。韓滅亡時に既に家長だったのに仕官した様子がない事も考慮すると、何事も無ければ安逸な生活を選ぶ気だったのかもしれません。

とはいえ、韓の宰相の家系に生まれ、整った容貌を持ち、希代の智謀を備えた張良は仇敵・秦の天下が揺らぎさえすれば世に認められるのは困難ではありません。あとは本人が世に出る意欲をもつばかり。

そして本来は脱俗志向の張良に、祖国韓への愛情と劉邦との運命的な出会いとが、社会参加の意欲を吹き込んでくれました。かくして張良の知謀は前漢王朝確立へと突き進んでいきます。

韓信は淮陰の出身で、蕭何・張良とともに漢の三傑の一人に数えられます。当初は項羽に従いましたが用いられず、劉邦に従って河北を平定し名将として知られています。漢の統一後は、警戒され反逆の疑いで捕らわれ殺されています。

韓信は若い頃は貧乏で、また働いて身を立てることも出来ませんでした。この頃はその日の食事にも事欠いていたようで、淮陰郡南昌の亭長の家に食事の厄介になっていたがそのうちに嫌がられ亭長夫婦は韓信の日に付かないよう早い時間に飯を炊き寝室で食事するようになったとか、腹をすかした韓信を見かねて綿打ちの老婆が自分の昼食を恵んだとか、聞いているだけで泣けてくる逸話が残っています。

この老婆に韓信が感謝していつかお礼をするといった時も「一人前の男の癖に自分の食い扶持稼ぎもできないのかい。私はあんたが気の毒だから食事をあげたのさ。お礼なんぞあてにするものか」と逆に怒られる始末です。また、剣を手放さず下げているので、無頼漢がからかって喧嘩をふっかけたところ、あっさり言うなりになって、無様に相手の股の間を這いくぐって許して貰い、嘲笑の的になると言う体たらく。

周囲から見れば、大きな図体をしているくせに働きもせずあちこちから食事をたかってるダメ男、変に気位が高い割に脅されるとあっさり屈する根性なし、といった所でしょうか。無名時代の韓信は同時代から見ると弁護の余地なしです。これでは軽蔑するなという方が難しいのかもしれません。まあ韓信の才能は軍事に特化しているので、平和な時代に庶民として暮らしていては発揮する機会がそもそもありません。秦の天下が仮に長く続いていたら、野垂れ死にしたかも知れません。

そんな韓信が名を上げ成功できたのは乱世という好機を得た事、仕官しやすい人材不足の陣営がうまく見つかった事、その幹部に見る眼があった事という条件が重なったからといえます。

韓信は最期は警戒され悲劇でしたが、下手すればダメ人間と嘲笑されたまま野垂れ死にもあり得たのを考えれば十分幸せな生涯といえるかもしれませんね。

陳平は項羽との戦いで謀臣として活躍して劉邦の統一事業を助け、その死後は呂氏一族の専横を除いて文帝を擁立するなど漢王朝の安定に貢献した功臣です。

彼は若い頃は学問をしていたそうです。聞こえはいいですが、実は彼は貧しい農家の人間でして、そのくせ家を手伝うでもなく手近な仕事に就くでもなく、家族を働かせて無為徒食していたわけです。一家の中心となっていた兄は陳平の才能に期待してそれに甘んじていたそうですが、一説ではその兄嫁とも密通していたという話もあり事実なら何とも恩知らずな話です。

しかし、上手く地元の有力者に売り込んで婿入りし、社会的地位を築くなど、謀略家としての片鱗はこの時代にも見え隠れしており、やがて乱世になると水を得た魚のように謀才活かして「勝ち組」まっしぐら。人生、タイミングと眼力ってことですかね、結局。漢帝国創業時の幹部の面子は劉邦の同郷者や元盗賊からなっていた事は有名ですが、劉邦本人を筆頭に元ニートも一大勢力だったわけですね。

夷狄に対して常勝無敵、国に帰れば謙譲卑屈、媚びへつらいがお得意の奴隷気質の大将軍

衛青

（？〜前106）

中国、前漢の将軍。諡は烈侯。武帝の妃の弟。匈奴との戦いでしばしば功をあげ、甥の霍去病と共に大司馬に任ぜられた。

衛青は、前漢黄金時代を代表する名将の一人です。衛青は姉が武帝に寵愛され皇后となった関係で取り立てられ、北方の騎馬民族匈奴との戦いにしばしば勝利し敵根拠地を攻めて外モンゴルに至るという大戦果を挙げて前漢だけにとどまらず中国史上屈指の名将と評価されています。甥の霍去病《かくきょへい》も天才的な戦術家として知られ、六度出兵して斬首・捕虜十一万の大戦果を挙げたり匈奴の有力者である渾邪王を降し、辺境地帯を平定したりと凄まじい話が伝わっています。前漢が建国直後に大敗して以来、匈奴に圧迫され続けて屈従を余儀なくされていた事を考えると、彼らの勝利は歴史的快挙と言って良いでしょう。

衛青は少年時代には奴隷のような扱いを受けており、「将来は貴人になる」と予言された際にも「鞭打たれる身分から抜け出せれば十分」と答えたといいます。そうした苦労があったせいか、出世してからも威張らず兵士たちに気軽に接していたそうです。一方で霍去病の方はといえば、兵たちへの態度はかなり問題がありました。自陣には米や肉が余るほど積み上げられていたにも関わらず、配下の兵には飢えて倒れている者もいたとか。そして彼自身は兵たちが飢えているのもお構いなしに隔離された場所で蹴鞠を楽しんでいたといわれ

ています。また、砂漠で兵たちが寒さで震えている時に自分は天幕で快適に過ごしていたとも。若くして取り立てられたので下の苦労がわからないのでしょうが、それにしても程があると思います。遠征における兵士たちへの補給は軍隊における死活問題のはずなのですが。こんな体たらくでなぜ勝ち続けられたのか不思議です。というかそもそも、味方兵士に刺されずに済んだことからして不可解なレベルです。食べ物の恨みは怖いですからね。

それなのに、衛青は霍去病に世間や兵士の評価で一歩譲っていたそうです。一般世間に関して言えば若く颯爽とした霍去病に人気が集まるのは容易に理解できるのですが、酷い目に合わされているはずの兵士すら霍去病を衛青より持て囃した理由はよく判りません。ただ、衛青が謙譲の度が過ぎて媚を売るような印象を人々に与えていたのが関係していた可能性はあります。へりくだるのもやり過ぎると人に馬鹿にされるし厭味になりかねませんからね。彼の場合、そのせいで周囲から顰蹙を買っていたとわざわざ歴史書に記録されているくらいですから、よほど酷かったのでしょうし。若い頃の占いが的中し出世したというのに、奴隷時代に植えつけられた卑屈さが抜けきらなかったのでしょうか。してみると兵士たちにも衛青の態度がみっともなく映ったため軽んじられたと考えるのが妥当なのかも。話を聞く限りでは人格者っぽいのに、その裏にはマゾ気質なダメ人間が潜んでいる、ひょっとすると案外それが実態だったのかもしれません。

古代ローマの最強ニート、遊びに遊んで借金王、積もった借金は兵士の給料十一万年分

カエサル
（前100〜前44）

古代ローマの将軍・政治家。第一回三頭政治に参加。ガリア征服後の内乱で権力を掌握し政治改革を行うが暗殺される。

カエサルは、共和制末期の混乱したローマを政治的に再建し帝政の基礎を築いた人物です。彼は当時の二大政治派閥の一つ民衆派の名門に生まれ、大富豪クラッススや大軍閥を率いる名将ポンペイウスと結束して政治的影響力を強めて紀元前60年に第一回三頭政治を開始しました。ガリア征服により軍閥化してポンペイウスを倒し、唯一の権力者として終身独裁官となっています。救貧事業や太陽暦採用などを行い政治腐敗・弱体化に対応しましたが、彼の独裁を嫌ったブルトゥスら共和主義者に暗殺されています。彼が共和制において独裁者となったという事で批判もありますが、都市国家時代に由来する制度を地中海全域を支配する大国となった時期にも運用することに無理があったというべきで、カエサルの取った政治形態は誰かがやらねばならない事だったと思います。文人としても優れ『ガリア戦記』『内乱記』などを著しました。歴史上、軍事・政治・文化ともに巨大な足跡を残す文武両道の見本みたいな人物が時に出ますが、カエサルはその中でも最もスケールが大きい一人ではないかと思われます。

彼は若い頃に敵対派閥・閥族派の首領・スラの怒りを買い、ローマから逃亡し、レスボス島攻撃の軍に幕僚

として参加しています。ただ、これは名門貴族としての特権を生かして軍に入り込んだもので、お客さん扱いだったようです。なにせビティニアに援軍要請の使者として赴いた際には現地の王に気に入られ、役目そっちのけで宮廷に逗留して遊興し王との同性愛の噂を立てられる始末。また、制圧戦が終了すると面倒な後方勤務より前線勤務を求めて他地域への転任を求め、スラが死去すれば途中で除隊を希望するという好き勝手し放題。勇敢ではあったものの遊び半分の参加でした。

ローマに帰った後は弁護士として名をあげようとしますが二回続けて敗訴。しかも二回目は有力者を告訴しての失敗だったため立場が不味くなり再びローマから逃亡しロードス島に遊学しています。ここで弁論を学びますが、学業に専念する訳でなく周辺の紛争に私兵を組織して首を突っ込んだり島の見物したり好きなように過ごしていたようです。そして叔父が属州総督に任じられると、学問を放り出して押しかけています。青春謳歌してますね。

その後も、名門出身で票を集めやすかったことから選挙に出ていくつかの役職に当選してはいますが、特に事績は残していません。同じ頃、ポンペイウスが三十歳の時点で軍人として数多くの功績を挙げているのに対し、カエサルは女たらしや類例のない借金王として名を挙げる始末で随分な違いです。三一歳という当時としては標準的な年齢で初めて中央政界に席を占めた時点で早くも彼の借金は千三百タレントに達していたと言われています。約十一万人の大軍を一年間養える金額だそうですから、尋常ではありません。この時点でようやく政界デビューですから、それまでに積もったこの借金は、人気取りの見世物といった政治活動で作ったものではありません。書物、お洒落や交友関係、愛人たちへの贈り物といった個人の浪費でここまで膨れ上がったと言うのですから、開いた口が塞がりません。

この後も徐々に昇進を進めてはいましたがこれといった事績は残していません。ある時にアレクサンドロスの伝記を読み「アレクサンドロスが世界を制覇した歳になったのに、私はまだ何ひとつとしてやっていないではないか」と嘆いたりはするものの、それで何か行動を変えるわけでもない。私財を投じて見世物・街道修復を行い人気取りをしたのはこの時期ですが、その結果として彼の借金は天文学的な領域に突入。属州ヒスパニアの総督に任じられた時には自邸に借金取りが多数押しかけ家から出られなくなる有様でした。公人としては穀潰し、私人としては家計破綻。これで終わっていたら、名門の遺産を食い潰す恥さらしと評価されていたでしょう。当時公職は無給ですから、実質的にニートと大差ない状態です。ここまでのカエサルは、いい感じなダメ人間です。

ここまで借金を重ねながら破滅に追い込まれなかったのは、あまりに借金の額が大きくなり過ぎたため逆に彼の破産が債権者を追い込みかねず、貸す側と借りる側の力関係が逆転したためだとか。中でも最大の債権者であり保証人でもあった大富豪クラッススは彼に金を貸し続け遂には彼を庇護する役目まで負いました。ここまで来るとある意味天晴れです。

四十歳になる頃、ポンペイウスが元老院と対立しているのを見て取り、庇護者・クラッススと共に彼と手を組み自らの政治的影響力を強めます。これ以降の彼の活躍は前述した通りです。

彼が世に出る上で功を奏した要因は、血統のよさとそれに伴うコネ、大借金を逆手にとってスポンサー・庇護者を手に入れる面の皮の厚さと開き直り精神。そして絶好の機会を逃さない眼力も重要だったようですね

人間嫌いの大政治家、職場を放棄し海を越え俺様アイランドに引きこもり

ティベリウス

（前42～後37）

ローマ皇帝。在位14～37年。アウグストゥスの養子となり軍功を挙げる。アウグストゥス死後に帝位につき内政を安定させた。

カエサルの後継者アウグストゥスがローマ帝政を開始し安定期に入ったローマ。その後継者として第二代皇帝となったのがティベリウスでした。ティベリウスはアウグストゥスの妻の連れ子であった関係で取り立てられ、アルメニア遠征・ラエティア遠征などで指揮官として優秀な働きを見せました。長年アウグストゥスの片腕であった勇将アグリッパの死後にはアウグストゥスの片腕となることを期待されて娘婿となり、皇孫が成長するまでの「中継ぎ」ではあるものの後継者と目されるまでになっていました。

しかし、妻ユリアとの不仲やゲルマン人対策についてのアウグストゥスとの方針の違いが彼の心に圧し掛かっていたようです。これが積もり積もったのか三六歳の時、皇帝よりアルメニア方面への転任を命じられますが断固としてこれを拒否し慰留も断って強引に引退。七年余りを只一人でロードス島に隠遁して過ごす事になります。引退するにあたって後任を推薦するといった事後処理も全くない状況で、いわば敵前逃亡同様といって過言ではありません。その結果、ローマは有能な前線指揮官を失っただけでなく、後継者問題にも直面し皇孫たちに急遽実績を積ませ箔をつける必要が生じる事態となりました。

当然、アウグストゥスは激怒し元老院議員など彼の地位・特権を剥奪して、ティベリウスが息子の成人式に立ち会うためローマに戻る事を希望した際も一市民としてのみの待遇をしています。ま、重責にかかわらず任務を放擲した訳ですから仕方ありませんね。

それでも、皇孫ら血縁者に次々に先立たれたアウグストゥスはやむなくティベリウスを後継者として選ぶ事になります。広大なローマを任せられる力量があるのは彼しかいないとの判断でした（それでも自分の血縁者への相続には拘っていた様で縁戚をティベリウスの養子にさせています）。その期待にたがわず、ティベリウスは後継者としてドイツ北部のマルコマンニ族やパンノニア・ダルマティアの反乱を鎮圧、またゲルマン人も破り国境を安定させました。更にアウグストゥス死後には第二代皇帝となり行政改革・食糧供給安定化・軍規粛正・属州支配安定化を成し遂げています。実に理想的な二代目というべきであり、帝国の安定と繁栄に大きく貢献した偉人と呼んでさしつかえないでしょう。

しかし彼の気質はカエサルやアウグストゥスと比べて官僚的で、パフォーマンスにより人々の支持を得る事は不得手でした。人間関係や政治における暗闘に疲れてか彼の人間嫌いは深刻なものとなり、治世後半にはカプリ島の別荘で過ごし首都には足を踏み入れる事がなくなりました。その時期にも実権は握り続けており国家運営そのものには破綻をきたす事はありませんでしたが、こうしたティベリウスの態度はローマ市民の不評を買う結果となり死後数百年にわたるまで悪名を受けることになるのです。まあ、いくら仕事をちゃんとしていても、自宅に閉じこもって人前に姿を見せなければ引きこもりは引きこもりです。この頃は皇帝といえどもローマ市民に選ばれた代表者という建前ですから市民の御機嫌を適度に伺っておく必要があるんですけどね。それが判らない彼ではなかったと思うのですが……。若き日の突然な隠遁といい、いくらなんでもさすがにちょっとダメ人間な行動だと思いますよ。実際問題として、彼の隠遁が親衛隊長による簒奪の陰謀を誘発したともいわれていますから、この点に関しては余計かばいようがありません。

ま、彼が悪評を受けた原因としては引きこもってた以外にも、緊縮財政や恐怖政治を行ったのが響いているという話もありますけどね。

彼は皇帝にとって義理の息子という究極のコネによって歴史の表舞台に登場する事になったのは御覧の通りで常識的には人も羨む境遇というべきでしょう。しかし本人にとっては喜ばしいばかりではなかったようですね。能力には問題のない人物でしたが、壮年期に突然引きこもった事から分かるように対人関係を苦手としており特に咄嗟の機智やパフォーマンス、猫を被る態度などは不得手でした。その結果が長きに渡る悪評。正当な評価を勝ち取るためには、対人能力が欠かせないということですかね。彼の場合はやや極端ですけど。本人は、本当は権力と無縁な立場で島に引きこもって隠者暮らしが出来れば幸せだったんでしょうね。活発な気性の英雄アレクサンドロスですら隠遁哲学者ディオゲネスを見て、「自分はもしアレクサンドロスでなければディオゲネスになりたい」と漏らしたそうですが、ティベリウスの場合は「ティベリウスでなくてディオゲネスになりたい」とか言い出しそうですよ。

馬援（前14～後49）

中国の後漢の名将。後漢の建国者光武帝に従って前漢崩壊後の混乱動乱の中、武勲を重ねた。異民族の制圧、辺境統治にも活躍。

馬援は後漢初期の名将です。

彼は、前漢に取って代わった新の失政が生んだ一世紀の軍閥割拠の中で頭角を現しましたが、やがて後漢の建国者劉秀（光武帝）に従うことになり、光武帝の信頼を得て、大いに活躍しました。彼は、光武帝が中国北西部に割拠する隗囂《かいごう》軍閥を打倒するのに大いに貢献し、軍閥諸将に離間工作をしかけて軍閥の力を削いだ他、光武帝が隗囂軍閥に対して親征した際には、諸将が作戦を定めかねている中、模型を使った明解な状況説明を施しつつ見事な作戦を提案、光武帝の軍を勝利に導いています。

その後、彼は辺境の異民族征討に実績を重ね、西北辺境の涼州を平定したほか、彼以外に可能な者はいないと抜擢されて、隴西において長らく中国に侵入したままであった羌族を鎮圧しました。また彼は、南方でも活躍し、ベトナムの大反乱や、武陵の五渓蛮の蜂起の鎮圧も行っています。

ちなみに彼は、異民族制圧と共に、灌漑事業や城郭の造営、現地異民族の習慣を尊重した統治法の確立などを行い、辺境経営を大いに改善しています。

なお、彼は、男たるもの辺境の野に戦って死ぬべきで、寝台の上で女子供の手に抱かれて死ぬものではないなどと考えていて、老いてますます盛ん。いい歳になった彼を哀れみ遠征から外そうとする光武帝の前で、鎧を着用して馬上で堂々ふんぞり返りまだまだ戦える姿を流し目アピール、遠征軍の将の役目を勝ち取ったりもしています。

というわけで、馬援は、頑固一徹、辺境勤務の過酷な軍事活動に生涯を捧げ切った純粋武人とでも言うべき男なんですが、そんな男ですから、さもありなんというかなんというか、事務仕事が大変苦手で嫌いでした。曰く、事務仕事は副官や書記の仕事だから敵が暴れてるとかじゃないなら自分は遊ばしといてくれ。で、地方の支配者の立場にありながら自分は仕事の大本を握るのみ。何とも素敵にアバウトな脳ミソの持ち主です。これだけだと戦うしか能のないアホの人みたいに聞こえるので、もう少し彼のことを語っておくと、彼はアバウトなだけにかえって本質的な理解力に長けていたようで、故事から田舎の噂話、兵法などなど、あらゆる話題を巧みに物語り、彼の話を聞く者は皆、耳を澄まして聞き惚れて、彼が作戦を提案すればそれが採用されないことは無かったそうです。それだけの本質を突く頭の良さが有ればこそ、うまく副官や書記の才能を使いこなし、更に異民族の習慣さえ尊重して、遊びながらも辺境経営に成果を上げることが出来たのでしょう。

せっかくだから、彼の容姿も述べておくと、絵に描いたような目鼻立ちの美男子だったとか。

でまあこんな感じに、天晴れな名将の馬援ですが、この男、若い頃にはとっても痛いダメ人間な思い出を有しています。

それは彼が早くに父を失いながらも大志を抱き、それを高く評価する兄の保護の下、勉学に励んでいた頃のこと。彼は、大志を抱く身としては残念なことに、勉強があまり出来ませんでした。実は彼は、一言一句に拘って書物の意味を徹底的に糾明する「章句」という当時の学問に上手く馴染めなかったのです。既に述べた通り、馬援の脳ミソは非常にアバウトですので、そんな精密な勉強が出来ないのは当然なわけですが、ここで仕方ないから、彼は一つの重大な決断を下します。すなわち、自分に勉強は無理だから、辺境に行って牧畜でも営もう。これに対して、兄は、お前は大器晩成型だから、しばらく好きなようにしてなさいと、彼のことを暖かく送り出します。

これは現代に喩えれば、俺はビッグになるとか吠えて勉強に取りかかったは良いが、あっさり受験に失敗して、傷心のあまり、北海道の牧場なぞ目指して自分探しの旅を決意、言っても聞かないだろうからと家族に生暖かく見守られているって感じでしょうか。なかなかダメな現代っ子ですね。二千年も前の人なのに。

しかも彼は牧畜で大成功したんですが、今度は守銭奴になるのは嫌とか訳の分からんこと言い出して、築いた全財産を親戚や友人にばらまいて、牧夫の服装に着替えてワイルドに生活し始めます。今度はエコとか反文明路線で自分探しですよ。

で、こんな自分探しを続ける内に、動乱が勃発、お勉強の時代は去りました。そこで、豪傑として評価された彼は、ついに大器を華開かせ、当代の名将へと成長していった次第。動乱がなければ、ひょっとしてダメな人のままだったんじゃないですかね。

劉備（161～223）　姜維（202年～264）

中国、三国時代の英雄。劉備は魏の曹操や呉の孫権に対抗して蜀漢を建国した。姜維は末期の蜀漢を軍事的に指導した。

三国志を題材とする物語において、主人公となる国は蜀。しかしその軍事指導者たちはなかなか困った人たちでした。劉備は蜀漢の初代皇帝（在位221～223）です。字は玄徳で、諡は昭烈皇帝。前漢景帝の子孫と言われ、関羽・張飛らとともに黄巾の乱鎮圧に尽力しました。諸葛亮の天下三分の計により、呉の孫権と結んで魏の曹操を赤壁で破り、蜀を平定しています。221年成都で帝位につき国号を漢と号し、諸葛亮を丞相として呉・魏と天下を争いました。

劉備は、少年時代に家の隅にある大きな桑の木を見て「大きくなったらあれみたいな馬車（皇帝専用の車のこと）に乗るんだ」と言ったそうですが、子供と言うのは割とそんなものらしいのでこれが劉備が大志を持っていた証拠とは一概には言えないでしょう。むしろ後に大物になったので残った逸話と言えます。青年時代には、親戚に学資を出してもらい有名な学者である盧植の下で学びましたが、勉強よりも乗馬・闘犬・音楽を好み、派手な格好をして豪傑と交際していたと言われています。

要は、豊かとはいえない中で将来を期待する親戚に学費を払ってもらって進学しながら、ろくに勉強せずバイクを乗り回しゲームやバンドに入れ込んだ挙げ句、服に金をつぎ込んで友人と遊びまわっているようなものですね。絵に描いたような不良学生です。親が見たら泣きますよ、間違いなく。「豪傑」というのはひょっとして侠客の事でしょうか？　すると不良とつるんで彼らのリーダーやってたと言うことになります。ヤンキーを取り仕切って派手な格好をし、回りから「総長」とか呼ばれてるようなもんでしょうか？　昔の漫画にでも出てきそうな「大物不良」キャラといったところでしょうか。まあいずれにしても堅気ではなかったのは確かなようですね。そんな風にヤクザなところは、遠い先祖とされる前漢の建国者劉邦と共通しています。

さて「総長」劉備も、乱世をきっかけに子分どもを引き連れて一旗あげることに。各地で転戦するものの、なかなか成功できず長年の放浪を余儀なくされます。それでも不思議に行く先々で評価されて厚遇されているんですよね。まあ、彼の率いる軍団が戦力として期待できると言うのもあったでしょうが（何しろ元ヤンキー集団なので）、部下たちを惹き付けて親分肌で大らかな人柄が各地の豪族をも魅了したと言うことでしょうか。世を渡る上で、人柄も大きな武器ですね。加えて、おそらくは彼自身も軍事指揮官としてそれなりに優秀だったと考えられます。何しろ蜀を占領し魏の勇将夏侯淵を討ち取って、漢中を奪取したのは劉備自身が率いる軍でしたから。それに彼が生きている間は後に知将として名声を博することになる諸葛亮が前線に出ておらず、劉備が死んだ際に蜀漢には恐るべき将がいなくなったと敵の目には映ったようです。世間一般では弱将のイメージのようですが。やっぱり、その辺りも劉邦に似ていますね。

そんな劉備ですが、ヤンキーだった以外にもダメっぽい逸話が伝わっています。なんでも王嘉『拾遺記』によれば、劉備は河南から高さ三尺（約1メートル）の玉《ぎょく》による美女の彫像を献上されたとか。そして劉備はこれをたいそう気に入り、夜に妻の甘夫人と房事を行いながらでもその彫像を玩んでいたそうです。これを見て心配した甘夫人がまだ魏や呉との決着もついていないのだからそのようなものに心を奪われないようにと諫めたので、劉備もそれを受け入れ人形を放り出したと伝えられています。

それにしても、房事の最中に美女のフィギュアを弄って嘆賞するとはなかなか良い趣味をしていますね。まあ、妻にしてみれば面白くないのは当然でしょう。ここから、劉備にはフィギュア愛好の傾向があったと言う事ができるようにも思われます。もっとも、これだけの大きさがあればフィギュアと抱き枕の中間位な気はしますす。まあ、生身の人間を放り出してフィギュアに入れあげた、というならともかく同時進行で妻と情交をなしているわけで好奇心旺盛なだけと見る事もできなくはありません。……それでも、やってる最中にフィギュアだか抱き枕だかに触れて出来のよさに感心している時点で十分イヤな亭主です。よく夫人もキレなかったものだと思います。美少女フィギュアを眼にしながらダッチワイフで性欲解消しているのとある意味変わりませんからね。ダッチワイフ代わりにされたんじゃたまったもんじゃないでしょうに。この話が事実なら劉備をダメ人間と呼んで差し支えないのではないかと。

ま、無理に好意的に見れば「玉は徳のある君子よりも貴いと言う。ましてや人の形をしているのに、どうして弄ばずにいられようか」とか言ってますから単に珍しい物好きなだけかもしれません。実際、献上された牛の革で髪飾を作っているのを孔明に諫められてやめたという話と同工異曲なんですよね。もっとも、架空の美女に見入りながら生身の女性で交接していたアレな事実はどう言い繕っても変わりませんが。やっぱり、劉備にとって三次元女性より二次元が良かったんでしょうか？　劉邦にはそんな逸話はありませんから、ひょっとすると、少なくともダメさに関しては御先祖様を超えたかもしれませんね。おめでとう、劉備。一方で、地方役人を殴打したという逸話はあるものの劉邦ほど蛮行は多くありませんから、祖先よりは洗練されているといえます。上述した趣味も何だか都会的ではありません。劉邦が田舎のゴロツキなら劉備は都会風遊び人ですね。

さてそんな劉備死後に蜀を軍事的に指導したのが元引きこもりニートの諸葛亮。そして更にその後を引き継いだのが姜維《きょう》でした。彼は当初は魏の人間であり母の手で育てられました。父の功績が評価されて召し抱えられ天水郡の軍事に参与しています。諸葛亮が北伐した際に、彼との内通を疑われて蜀に降伏し、その際に諸葛亮から才を認められました。その後、諸葛亮の北伐に従軍して功績を挙げ、諸葛亮死後には蜀の軍事の中枢を担います。しばしば北伐を敢行し魏の名将・鄧艾《とうがい》らと繰り返し戦いました。大局を動かすには至らなかったものの時には万単位の敵を討ち取る大勝を挙げたこともあります。２６３年に魏が蜀に攻め入ると剣閣に篭って抵抗しましたが、鄧艾の成都攻略で劉禅が降伏したのを受けて降伏。この時、姜維は魏軍に内紛を起こさせその間隙を突いて蜀を復興させようと目論みますが失敗して殺されました。蜀滅亡の際、配下の兵士たちが無念がって武器を石で叩き折ったと伝えられ人心掌握にも優れていた事が分かります。前線指揮官・戦術家として優秀だったのは間違いないでしょう。

姜維は、若い時には大きな功績を挙げる事を望んで侠客の面倒を見ており、正業には就かなかったといわれています。今の感覚で言えば、「いずれでっかいことをする」とかいいつつ不良たちとつるんでグループを作りブラブラしていたということでしょうか。緻密な儒学の注釈で高名な漢末の大学者・鄭《てい》玄の学問を好んでいたと言いますから教養はあったのでしょうが、そんな堅苦しい学問をわざわざ選ぶ一方で任侠の世界に首を突っ込む。好んだ思想と好んだ行動の落差が大きいというか何とも両極端です。で、学問を活かして出世するという選択肢は頭に無かったみたいですね。

蜀に仕えるようになってからも自分の才を強く恃んでいたようですし、周囲の人物を歯に衣着せず批判を繰り返し諸葛亮に庶民に落とされた廖《りょう》立を訪ねた際にはその気質・発言が変わっていない事を賞賛し、学識に優れていたが問題発言や奇行の多い来敏を高く評価したともいいますから、自分の才能に自信を持ち侠気に溢れ反権威的な性格が強かったのは事実のようです。というかこの二人が自分とダブったんでしょうね、間違いなく。

その姿は、若い頃の劉備を彷彿とさせます。やっぱりヤンキーの親玉ですね。現代的に考えれば、「喧嘩上等」「夜露死苦」といった類の文言を背に書いた長い上着を身にまとい、やはり子分から「総長」だとか「番長」とか呼ばれている姿が眼に浮かびます。……いつの漫画の不良のイメージだか。

そんな姜維も父親の功績が考慮されて出仕し、武運拙く敵に降伏を余儀なくされたものの敵国の大将に気に入られて活躍の場を得ることになります。そういえば諸葛亮も若い頃は「俺はビッグになる」とうそぶきつつ引きこもるという胡散臭さ満点の困った人でした。その点において姜維は諸葛亮とも似ているかもしれません。やっぱり類は友を呼ぶということでしょうか。要するに、彼の場合はコネで出仕し更に転職先の上司と馬が合ったという事ですな。……成功するにはコネは不可欠のようですね。逆に言えば、コネと才能があれば元ヤンキーだって出世は可能なわけです。それにしても、建国者の劉備に始まって、引き継いで指導した諸葛亮、更には彼らの夢を追って戦いを繰り返した姜維に至るまで、蜀はダメ人間やら元ヤンキーやらに引っ張られた国家だったんですね。何だかなあ。

英雄気取りの引きこもり、人から見ればただのクズ、なぜだか突然大変身して史上最強の天才軍師

諸葛亮

（181～234）

中国の三国時代の智謀の大政治家。後漢王朝末期の動乱の中で群雄の劉備を助けて蜀の建国へと導いた。軍事や学芸にも優れる。

古代中国の三国時代の政治家に諸葛亮という人物がいます。諸葛孔明といった方が有名かもしれません。若くして、流浪の傭兵隊長であった劉備に仕え、またたく間に当時の中国を三分した一国、蜀の建国へと導いた人物です。

当時の歴史を題材にした、中国の古典娯楽小説『三国志演義』や、『三国志演義』から派生した無数の物語においては、智謀に秀でた天才軍師として扱われています。そこでの彼は、敵の行動なんか全てお見通しで、戦う敵戦う敵、みんな罠に掛けてボコボコに痛めつけたりしてくれるわけなんですが、その他、妙なメカを作って戦争に活用したり、わけの分からない魔法を使ったりで、こんな得体の知れないヤツが相手では、敵は恐怖と絶望のどん底で脅えている以外にできることはなく、常にビクビク孔明の策略を恐れながら過ごすという状態に陥っています。言うなれば孔明は天才というより天災って感じなのです。その天災っぷりを表す物として、日本人が「三国志」の物語に触れる入り口として、おそらく最良の物の一つである横山光輝の漫画『三国志』から、被災者の皆さんの証言を集めてみましょう。曰く、「孔明とは　人か魔か」「天はこの周瑜を　地上に生

まれさせ　ながら何故　孔明まで生まれさせたのだ」（周瑜《ゆ》さん　26巻40頁、30巻103頁）「孔明とは　何と恐ろしい男よ　わしはもう　戦う自信が　なくなった」（曹真さん　54巻107頁）「待て　あわてるな　これは孔明の　罠だ」（司馬懿《い》さん　55巻54頁）などなど。

ちなみに歴史上の彼の実像を見ると、さすがにこんな天災級の凶悪魔法使いって感じのおかしな力はありませんが、それでも、多方面で非常に優れた才能を発揮した超人的な人物で、まず軍人としては、史上屈指の名将とまでは言えないにしろ、当時の一級の将帥です。例えば彼は、敵国魏の最高の名将司馬懿（司馬仲達）に追撃されながらの撤退戦で、反撃を加えて大勝利し、魏随一の老練の指揮官張部《こう》を討ち取るなんて実績を残したりしています。ちなみに孔明の死の直後、司馬懿は、彼の築いた陣営跡等を視察して、彼の軍才を絶賛し、彼のことを天下の奇才と呼んでいます。また、孔明は技術者として様々な軍用器械を開発しています。

そして政治家としての彼は、素早く国家建設を成し遂げるとともに、政敵にすら尊敬される公正な統治を行ってよく民衆の心を掴んでおり、管仲や蕭何といった覇者の補佐役として中国史上に傑出した名声を誇る大政治家に比肩されています。しかも政治家としての孔明にこのような尊敬に満ちた最高の評価を下したのは、歴史書『三国志』の著者の陳寿。陳寿の家は孔明との間に少々因縁があり、陳寿の父親が孔明によって処刑され、ハゲ頭にする侮辱的刑罰を受けたりしているのですが、言うなれば陳寿と孔明の関係は親の仇みたいなもの。ですが、そんな人物にすら尊敬、絶賛させるほどの素晴らしい政治家だったと言うことです。もちろん、仇の関係に目を曇らせることなく、歴史家として公正に孔明を評価できた陳寿も偉いんですけどね。

この他、孔明は名文家としてもその名を史上に轟かせており、彼の書いた『出師の表』は非常に有名。なんでも『出師の表』を読んで泣かなかったら男じゃないそうです。

おそらく、同時代と言える範囲で、彼以上に多方面で高い能力を発揮することのできた人物としては、当時の最強国家である魏の建国者曹操が一世代上にいるのみでしょう。

なお、孔明はその忠義によっても非常に有名で、劉備が死に、その子で若年の劉禅が後を継いだ後も、その圧倒的に巨大な才能にもかかわらず、臣下としての分を守ったまま、蜀を守るために戦い続け、燃え尽きるかのように陣中に病没することになります。

ところでこの孔明ですが、その忠義や民衆に慕われ政敵にすら尊敬された公正無私の政治から見れば、非常に真面目で誠実、善良で堅実な人柄が思い浮かびます。実際、能力、人格ともに申し分ない傑物、大政治家にして至誠の忠臣として、歴史や国境を越えて敬愛されています。ところが、彼の青年時代を見ると、意外な姿が浮かび上がってきます。今に伝わる、彼の青年時代の姿を眺めてみましょう。

彼は青年時代多くの学者や学生が集った荊州という土地にあって勉学していましたが、その姿勢たるや、周りの人間達が真面目に精密な学問に努力している時、大要をつかむに留めていたということです。つまり学生としての彼は、大ざっぱでいい加減な勉強しかしなかったということです。そして、そんないい加減な勉強しかしないくせに、『梁父吟』とかいう隠者のうたう歌を好んで唄いながら、周りの人間に対して言い放ちます。おまえ達は、州や郡の長官くらいには出世できると。そして自分の事を問われると、笑って何も答えません。彼は常日頃から自分を、桓公を補佐して覇者に押し上げた大政治家の管仲や五カ国の軍勢を統率して敵国の城七十以上を陥落させた名将の楽毅といった歴史上の偉人になぞらえている、自信満々の人物でしたから、これは明らかに周りの人間を小馬鹿にしての行動です。凄まじく嫌らしい性格です。周りの人間から見れば、至誠の人なんてとんでもない。おそらく歪んだ性格の、誇大妄想狂のおおぼら吹きといったところでしょう。こんな人柄ですので、周りに彼を認めてくれる人間などほとんどいません。親好のあった友はわずかに二人だけ、この他に物好きな名士数人を合わせて、これが彼を高く評価してくれる全てでした。

これを現代日本にたとえるなら、頭は良いくせに真面目に勉強せず、試験を受けてはろくでもない点数を並べ、社会不適合者の好んで歌うアニメソングなどを口ずさみつつ、社長や官僚目指して真面目に立身出世に励む周りの人間を小馬鹿にし、自分は天才だとうそぶきながら、友達も作らず引きこもっている、そんな感じだと思います。救いようもなくダメで嫌らしい、胡散臭い人間です。俺はやればできるんだよ、とか吠えつつ、いつまでもやらずにダメなまま朽ち果てていきそうな感じがします。

ところが、この引きこもりのキモオタ、アニソンもとい隠者の歌を口ずさむだけの日々で潜在する才能を潜在したまま腐らせて、そのまま朽ち果ててしまうということにはなりませんでした。わずかな知り合い達が、流浪の身であった高名な将軍、劉備に対し、彼が有能であると吹き込んだおかげで、彼の引きこもり人生に転機が訪れるのです。それは孔明、二七歳の時のこと。劉備は、やがて中国を三分する一国の皇帝となる男ですが、この頃はまだ運に恵まれず、未だ成功を収めてはいませんでした。とはいえ劉備は天才政治家にして天才軍人の曹操を相手に長年中国各地で歴戦しており、それによって既に天下に有数の大人物との評判を獲得していた、一角の人物。孔明より二十も年上の実績ある熟年武将です。このような大人物が、はるか年下の引きこもりの若造の元に、なんと三度も頭を下げて登用に訪れて来たのです。そしてこれ以後の孔明の活躍は、既に色々述べたとおり。

人生棒に振る寸前のいい歳したキ○ガイすれすれの引きこもりを、丁重に遇して社会復帰させ、更生に導いて史上の偉人へと変貌させた、劉備の器量には感嘆を禁じ得ません。歴史上の意義という点では、曹操に劣る地位しか占めないものの、三国志の物語で主役を張っているのも納得の、偉大な有徳の人物です。

……この文章の主役は孔明なので、劉備を論じても仕方ないですね。孔明に話を戻しましょう。史上に至誠を称えられ、今でも多くの信奉者を持つ、諸葛孔明という偶像は、たまたま奇特な有徳の武将が近くに人材募集中の状態で現れて、わずか数人しかいない親交ある人物が勝手に善意で動き回ってそれが上手くコネとして機能する、こんなおよそあり得ない幸運が重なって、ようやく成立したものでした。そして輝かしい偶像の内部には救いようのない、性根の腐りきったダメ人間が隠れ潜んでいる。人間、何がきっかけで、どう育つか分からないものですね。

ところで政治家として実績を重ねた後の熟年の孔明は、やたらと地味な人物を人材として推挙する一方で、個人的には馬謖《しょく》や姜維といった切れ味鋭いがどこか空回りしたような、胡散臭い人物を溺愛し続けています。彼は真面目で堅実な人柄で売り出す事に成功し、真面目で堅実な性格の人物を活用しましたが、決して真面目で堅実な人物に生まれ変わったわけではなく、根は胡散臭いままで、心の底では真面目で堅実な人物がそれほど好きでもなかったのかな、とか思ったりします。なお、『三国志演義』に結実する民衆の語り継いだ諸葛孔明像は、妖しげな妖術師であって、まともな人間でなかったのは既に述べたとおりですが、民衆は、真人間の擬態の裏に潜んだ孔明という男の胡散臭い本質をよく掴んでいたというべきなのかもしれません。

自然回帰の大思想家の自然に反した快楽追求の日々　～女装癖と麻薬と～

何晏（?～249）

三国時代魏の学者・思想家。字は平叔。老荘思想を好み、王弼らと魏・晋時代の老荘思想流行の端緒を開く。著『論語集解』。

中国の中世において、思想界で無為自然を重んじる老荘思想がもてはやされました。それを決定付けた人物が何晏《あん》です。何晏は母親が三国志の英雄・曹操の後宮に入ったため、宮中で育ちました。早くから美男として知られ才能を愛された彼は、当時の貴族社会において流行を主導する存在であったといえます。そんな中、彼は従来の思想的主流であった儒教に替えて無為自然を重んじる老荘思想を基本とした哲学的・抽象的な論争を交わす「清談」を始めます。その後、しばらくは清談が持て囃される時代となることを考えると、何晏は中国思想史における一大転機を現出したと言って過言ではありません。この時期には老荘思想だけでなく仏教も流行するようになりますが、これも同じ文脈で理解できそうですね。実を言うと、貴族社会が祖先との連続性を重んじる関係から儒教も引き続きメインカルチャーとして目立たないながらも健在だったんですけどね。それでも中国史の中では老荘思想が表立って重んじられた時代とは言えると思います。魏末晋初において権力から遠ざかって清談に耽り隠者の代名詞とされる「竹林の七賢」たちも何晏が生み出した流れの延長上にいると言えるでしょう。こうした清談愛好者達は社会不安を忘れようとするかのように、無為自然を重んじ抽象的な議論や音楽を愛したのです。時代が移るにつれ、議論の内容は多様化して中には無政府主義や唯物論的な意見を述べるものも出てきたといわれています。そういえば1960年代のアメリカでヒッピーと呼ばれた人々がベトナム戦争に伴う社会不安に反発し、既成の価値観を否定して自然生活への回帰を唱え、ロック音楽を愛しました。何晏を始めとする貴族達に似ていますね。何晏達はまさに千七百年早く生まれたヒッピーだったのです。

しかし、何晏は哲学論議だけでなくダメな流行をも貴族社会に持ち込んでしまったようです。彼が当時を代表する美男であった事は上述しましたが、彼自身もその自負を持ちかなりのナルシストだったとか。例えばいつも白粉を携帯しており、歩く際には自分の影を振り返って確かめる程でした。そんな彼は貴族社会におけるファッションリーダーであり、時には自らの華奢な美しさが映えるようにでしょうか、女性の服をも好んで身につけたといいます。度の過ぎたナルシストで女装癖、何とも頭の痛くなる話ですが、これ以降の美男と言われた人々はこれを真似て彼と同じような装いを見せるようになります。それと連動してか、「男寵が大いに興ること、女色よりも甚だしい」と記される程に貴族社会で男色が流行。女性的な容姿の「美男」達をみて「こんな可愛い子が女の子のはずがない」とばかりに欲情し性愛関係を持った連中が多数いたんでしょうね。

これだけならまだしも、何晏は更にどうしようもない代物も流行らせてしまいました。彼は「五石散」という麻薬を愛用し、「病気が治るだけでなく、精神まで爽やかになると感じる」と吹聴。何しろ当代一のファッションリーダーが言う事ですから、貴族達は飛びつくように五石散に手を出しました。五石散は気分を高揚させますから、当意即妙の受け答えが求められる清談をするに当たって重宝がられるようになり貴族社会に普及していきます。ドラッグとロックンロール、ますますヒッピーですね。

しかし五石散には副作用があり、まず皮膚が脆くなって体中が痒くなります。そのため五石散常用者はゆったりした服装をし、孫の手を常に持ち痒みに対処していました。そして最大の副作用は服用後に高熱を発する事で、歩き回ってその熱を発散させなくては命にかかわります。「散歩」とは元来、この時の歩行を指して言ったそうです。それでも五石散流行はやむ事はなく、五百年の貴族時代を通じて数百万の人間が五石散によって死に至っています。洒落になってません。そういえば、ヒッピーの方も1969年のウッドストック・フェスティバルの際に質の悪い麻薬の中毒で数人が命を落としましたね。

こうした話は、不安な時代に「自然への回帰」を唱え「精神の自由」を求める運動にも陰が存在する事を教えてくれます。正直、体に有害な化学物質を体外から取り入れ人工的に「精神の解放」状態を作り上げることは「自然」や「自由」の対極にあるような気がしないでもありません。いつの時代にも、おクスリ好きの人はいるもんですね。ダメ。ゼッタイ。

ちなみに、有名な所では西晋の宰相を務めた王衍《えん》も清談に耽り、俗事である政治には自分は関与しないとうそぶく有様で、晋滅亡後に敵将・石勒《ろく》に為政者としての無責任を咎められ処刑されています。まあ、一国の宰相が本業そっちのけでヒッピー気取ってドラッグ・アンド・ロックンロールというのはさすがに不味いと思います。

何晏はその才気と美貌で貴族社会の華となり思想史に新風をもたらしましたが、同時にそのダメ人間ぶりによって中国文化史に長く暗い影を落としたのも否めないようです。

小さな器と溢れる才能　～小心ヘタレな性格が禍して才能を活かし切れなかった男の話～

桓温（313～374）

東晋の武将・政治家。字は元子。四川を平定し北伐にも成功する。その功により朝政を専断し簒奪を目指すが果たせず病死。

桓温は、四世紀半ばに江南を支配した河北からの亡命政権・東晋で一時期強大な勢力を振るった武将です。

彼は北方異民族によって占拠されていた四川を征服し、更に河北が戦乱で混乱しているのに乗じて北伐して長安の手前まで迫ります。この時、地元の古老たちは「再び生きて官軍を目にするとは思わなかった」と泣いて喜んだといいますから、歴史的偉業といえそうですね。二回目の北伐でも一時的ながら洛陽奪還を果たすという業績を挙げました。北方異民族に追われ江南に逼塞した東晋が目立った対外拡張に成功したのはこれが初めてであり、それを成し遂げた彼に抜きん出た軍事的力量があったのは確かです。また軍事力を背景に「土断」すなわち当時非課税であった大貴族の土地を含めた検地・戸籍調査を行いある程度成果を挙げてますから政治家としてもなかなかやり手です。文化的素養もあったらしく『世説新語』にある逸話からは文化人のパトロン的存在でもあったことが伺えます。その一方で桓温は野心家でもあり、帝国西部の軍の長になった時には「彼ならその地域を治めることができるだろうが、誰も彼を抑える事はできなくなるだろう」と予言されていたりします。事実、彼はこの功績と軍事力を利用して絶大な権力を手中にし、簒奪も視野に入れるに至ったのです。

しかし、敏腕武将・政治家で簒奪を目論んだ野心家の割に桓温にはどこかヘタレな逸話が目立ちます。例えばこんな事がありました。桓温が以前から尊敬していた先輩武将に仕えていた老女から「貴方は亡くなられたわが殿に似ていらっしゃる」と感涙と共に言われたので大喜び。もっとそっくりだと言ってもらいたくて、いそいそとその武将と同じに見えるよう正装をして出てみたところ、目が小さいしヒゲが赤茶けているし唇が薄いとか、更に声が少し弱弱しいだの背も低いだのと色々言われてガックリ。結局、彼は服を脱ぎ捨ててフテ寝し何日も塞ぎ込んでいたそうです。当時は風采も人物を評価するうえで重要な要素であった事を考えると、劣化コピー呼ばわりされたも同然なわけですからそりゃ凹みます。それにしても、お世辞を言われて舞い上がり似合いもしないのに同じ格好をして見せるあたりに小物っぷりが伺えますね。老女に小粒呼ばわりされたのも案外その辺りが原因かもしれません。

他にも、知人を幕僚に取り立てた際には、彼が酒乱で酒を強いるので参って正妻である公主（皇女）の部屋に逃げ込む始末。挙げ句には、その際に妻から普段は愛妾のところに通い詰めで疎遠なのを皮肉られたとか。因みに本題とは関係ありませんが桓温自身は下戸で、これまた幕僚であった孟嘉（陶淵明の母方の祖父）に「何が嬉しくって酒など飲むんだ」とこぼし、「閣下には酒の良さがわからないんですよ」と返されたという話も伝えられています。更に名士を訪れた際の事ですが、相手が寝たままで起き上がらないので立腹して弓で枕を射て「将軍ともあろう方が、こんなところで戦争をして勝ちを求めて満足しているようで良いのか」とやり込められたそうです。三国時代の武将劉備が名士諸葛亮に三顧の礼を尽くしたという有名なエピソードと比べると、随分と器の小さい話ですな。おまけに言い負かされてしまっている辺り、情けな過ぎます。いいところなしです。そんな具合だから、北伐した際に現地の賢人として名高い隠者・王猛と会見しても虱を潰しながら話に応じるという見下した態度を取られた上に配下にする事もできなかったのでしょう。因みに、王猛は河北の前秦・苻堅に仕えてその北方統一に貢献する事になります。そういった細かい逸話以外で見ても、武力をたてに成り上がった割には、自分が傀儡として擁立したはずの簡文帝相手に気後れして面と向かってはろくに物も言えなかったり、簒奪の邪魔となっている敵対的な政府重鎮謝安を殺害しようと図りながら、いざとなると逆に気圧されたりといまいち胆力が座ってない印象です。

まあ、部下の兵士が小猿を捕らえたところ母猿が悲しみのあまり腸がズタズタになって死んだのを知って、猿の母子に同情し兵士を追放刑に処したという逸話も伝わっていますから、根は善良だったのかもしれません。要は悪に徹しきれないという事ですが。

そんな彼が海千山千の貴族を相手に渡り合うのは、いくら強大な武力があっても難しかったかと思われます。同様な武功を挙げてあっさり簒奪に成功した劉裕と比べると、どうも彼は好人物過ぎる気がします。なまじ有能であったがために適性のない野心を抱いて微妙な逸話を多く残してしまった感じですね。何となく全体的にダメなオーラが漂っています。要するに、自分のキャラを把握できず失敗した人物と言えるでしょう。彼は死に際に「芳しい名声を後世に流すこともできず、悪名を万歳に残すこともできないのか」と嘆いたといいますが、忠臣でも王朝開祖でもなく反逆者でもない半端なキャラですから仕方ありませんよ。人間、柄にもないことは考えちゃいかんということでしょうかね。結局のところ、桓温は器量に見合わない希世の才覚が宿ってしまったため道を誤り道化役を演じさせられた不運な人かもしれません。

厚顔無恥のニート詩人　～職場放棄の常習犯、詩作に耽って貧窮し、パトロン求める寄生虫人生～

陶淵明（365～427）

東晋・宋時代の詩人・文章家。宮仕えを嫌って隠遁生活に移る。『帰去来辞』や散文『桃花源記』が知られる。

中国において、代表的な隠遁者で大詩人と言えば多くの人は陶淵明を思い浮かべるのではないでしょうか。陶淵明は東晋・宋時代における田園詩人で、淵明は本名とも字ともいいますが未詳です。一説では名を潜、字を元亮とする説もあります。潯陽柴桑（江西省）の人で、何度か仕官を繰り返すものの束縛の多い官僚生活を嫌い彭沢の県令を最後に故郷に隠遁しました。その際の『帰去来辞』や菊と酒を愛する悠々自適の生活をよんだ『園田の居に帰る』五首、『飲酒』二十首は中国における田園詩の傑作とされています。理想郷を描いた『桃花源記』や自叙伝とも言われる『五柳先生伝』の作者としても有名で、その作品は『陶淵明集』に纏められました。一説では彼の隠遁は東晋が劉裕により簒奪されようとする情勢を嫌った事によるものだとも言われ、事実として劉裕が東晋に取って代わり宋を建国した後も東晋の元号を使い続けています。

さて陶淵明はまず江州の祭酒（教育長官）として仕官しますが、短期間で辞任。本人は官僚生活が水に合わず、そもそも仕官したのも家庭の貧困からで気が進まなかったと称しています。しかし、その一方で彼は当時を省みて「若い時は意気盛んで、しかも気性も激しかった」などと述べており、二度目の仕官の際も「田園生活に用いる杖を投げ出して早朝から旅支度をさせた」と述べていますから青壮年期には年齢相応に野心的であったと見るべきでしょう。また詩文・琴など貴族として必要な教養を得ることが可能な家庭であったことや環境が合わないからと辞任帰郷する事ができたことから、家庭の貧困はさほど深刻でなく、生活する分では余裕があったと思われます。数年後に江州主簿の誘いがあった際に断っている事からして、少なくとも仕事を選べる状況にあったのでしょう。してみると、人並みの出世欲・栄達心を抱いて出仕したはよいが、社会人として生活することの辛さに耐えられず帰郷してしまったと考える方が素直に納得がいきます。

数年後には劉牢之の率いる最大軍閥・北府軍団に參軍（参謀）として参加。高級官僚が名門貴族により占められていたこの時代、現地豪族にとって軍人は立身出世を図る上で最も確実性が高かったのです。実際、彼の家は軍人の家系で曽祖父は数多くの内乱を鎮圧し名将と謳われた陶侃《かん》で、外祖父の孟嘉も将軍として成功しています。彼の選択は、栄達を果たす上で最も合理的なものであったといえ、前述の詩句での意気揚々とした様子も肯けるというものです。しかし翌年の五月には早くも辞任・帰郷。この当時、首都建康周辺は孫恩の乱に巻き込まれ危機的な状況にあり、陶淵明の所属する北府軍団はそれに対処する責任があった事を思えば奇妙です。反乱軍の強勢により職務も多忙過酷となり、身辺の危険も増大したため敵前逃亡した可能性が浮かび上がります。また、北府軍団もあっさりとこれを認めており参謀・軍人として有用とはいえない存在だったようですね。

かと思えば、数年後に今度は北府軍団と並び証される大軍閥・西府軍閥に仕官。首領・桓玄の父は帝位簒奪を目論んだ桓温であり、北府軍団・劉牢之にとっては仇敵で朝廷にとっては謀反予備軍といえる存在でした。

つまり節操なく有力者に尻尾を振っているわけで、沈約『宋書』隠逸伝で「弱年のころは薄き官にして、去就の迹を潔くせず」と評されるのも仕方ないと思います。さて陶淵明が母の死により帰郷し喪に服している間に、桓玄は挙兵して劉牢之を殺害し皇帝を僭称、劉牢之の部下であった劉裕により敗北し命を落としています。

陶淵明はこの戦乱には巻き込まれなかったものの中央の軍事・政治に参与する怖さが身に染みたのか、その後は郷里付近の現地に密着した地方官に絞り、江州刺史・劉敬宣（劉牢之の子）の下で参謀を務めています。劉敬宣にとって桓玄は父の仇であり、父の下から桓玄配下に転身した陶淵明は見方によっては裏切り者であり仇の片割れといえます。そうした人物に何食わぬ顔で仕える陶淵明の厚顔さを見ることも出来ますが、また劉敬宣がそれを特に問題にせず受け入れた事から仇敵としては取るに足りない存在でしかなかったためとも解釈できるのです。

翌年八月には彭沢県令に任官するものの十一月には早くも辞任して帰郷、わずか三ヶ月の勤務で公田からとれる一年分の給与をちゃっかりと手に入れた上での辞任でした。何とも調子のいい話です。ともあれそれ以降は二度と仕官することはありませんでした。

辞任の理由として、妹が亡くなったため喪に服す目的であったと陶淵明は『帰去来辞』序文で述べています。しかし『帰去来辞』などの当時の詩文からは嫌な宮仕えから解放された喜びが溢れているか、志破れ郷里に帰る無念を述べたものばかりで近親者の死の悲しみを伺わせるものはありません。この時点での自然な感情であるのみならず、詩文の題材としても格好であるにもかかわらずです。こうしたことから妹への服喪を肌に合わない公務から退く口実として利用したと見ることも出来ます。

隠遁した当初、陶淵明は郷里で先祖伝来の農園を経営していました。残された詩文からは自ら小作人たちを監督したり、時には自身も耕作に従事した事が知られ比較的小規模な農園であったと思われます。しばらくこうして比較的安定した隠遁生活をしていましたが、数年後には火災で住居が焼けたのをきっかけに潯陽近郊の文化人たちが多く居住する地域に居を移す事になります。当時は、江州刺史の王弘に代表されるように数多くの高級官僚と詩の贈答を行っています。王弘は陶淵明の隠者・文人としての名が高いことを聞き交際を求め、陶淵明の友人の仲介を経て親交を結ぶようになったといいます。中国では古来より隠者が社会的に敬意をもたれていましたが、当時は老荘思想・仏教が盛んなこともありそうした傾向が特に顕著でした。陶淵明が転居した理由は不明ですが、こうした知識人との交流を通じて田園生活では得られなかった都会的・知的な刺激を求めた、隠者・文人としての名声を求めたと見ることも出来ます。

都市部へ移住した頃より、農園経営時代の曲がりなりにも安定した生活とは変わって徐々に経済的困窮が忍び寄るようになりました。隠遁直後には詩文からも物質的に比較的余裕がある様子が伺われましたが、飢えや寒さなど深刻な困窮を詠み込む作品が増えるようになります。陶淵明はある時には餓死をも辞さない清廉な志を歌う一方で、別の詩では少々の辱めにも構わず施しを受け命を繋ぐことの大事さを述べています。清貧・隠遁に関しての見通しや覚悟が甘いのは否めないと言えましょう。隠遁者の中には施し・援助を受けることを潔しとせず餓死を選んだものも少なからず知られており、陶淵明自身もその詩で彼らを称え自らをなぞらえているることを考えれば尚更です。また、『怨詩　楚調』で高官にあてて自分の貧窮を訴え鍾子期と伯牙の友情を引き合いに出し、生活物資の援助を求めています。そして『胡西曹に和し顧賊曹に示す』では酒がなく季節の興趣を楽しめない悲しみを詠み暗に酒をねだっています。陶淵明は文人との交際を通じて、生活のためのパトロンを求めるようになっていたのです。前述の王弘は彼との親交の中できめ細かくその生活の面倒を見たといわれます。こうして陶淵明は知識人官僚との交際を通じ物質的援助と後世への名声の両方を確保したのです。

陶淵明の死生観・名利観も時によって揺れ動いたようです。ある時には達観した死生観や名利に拘る事の愚かさを詠んだかと思えば、別の時には迫り来る死の恐怖に慄き死後の名声を気にかける。脱俗を志向しながらも、世俗の価値観に縛られていた姿が見て取れます。

陶淵明は生前から『自ら祭る文』や自らのための『挽歌』三首を用意しており、これは少なくも当時では異例な事でした。また、無欲恬淡な隠者の姿を描いた自叙伝『五柳先生伝』を著しており、これらも死後の名声のための配慮と見ることが自然でしょう。

陶淵明は清廉な隠者として同時代・後世から高く評価されています。しかし、実際には青年期は立身出世を夢み、仕官しては身勝手・無節操ともいえる態度で辞任・再仕官を繰り返していました。また隠遁後も有力者に保護を求めたり隠者・文人として名声を上げることを望んでいました。平静には世俗の名利からの開放や達観した死生観、清貧の志を高く謳い上げていますが、実際問題として困窮した際には何とか餓死を免れようと名士たちに助けを請い、老いては死を恐れ後世の名声を気にする詩を残しており、人生観の振幅が激しい人物でした。陶淵明は官人として無能、自己中で御都合主義な俗物で、社会不適応者で引きこもりニート。しかしその作品は後世の我々を魅了してやみません。ひょっとすると彼の生き様への羨望が我々の心の奥底にあるかもしれない、そう思います。

史上最も無様に妻の尻に敷かれた英雄　～女王様の足にマゾ奴隷として口づけを～

ベリサリウス

（505～565）

古代の東地中海を支配した東ローマ帝国の名将。ユスティニアヌス帝に仕えて帝の西地中海征服事業に大きな貢献をした。

六世紀の地中海世界は、東ローマ帝国がその東半分を支配し、西半分にはヴァンダル王国や東ゴート王国といったゲルマン人諸国が割拠する状況にありました。このような状況下に東ローマ帝国皇帝ユスティニアヌスは地中海制覇に乗り出しますが、この大事業を成功させた武将が、ベリサリウスで、彼はわずかな兵力しか与えられなかったにも関わらず、優れた手腕を持って勝利を重ね、地中海制覇をほぼ成功させます。

彼の戦歴を見ると、まずササン朝ペルシアの脅威に曝されている東方国境地帯で、若くして指揮官となり、ペルシア軍を破ってその勢力を大きく削ぐことに成功します。この成功はペルシア国境の長年の緊張を緩和し、帝国が戦力を西地中海征服に向けることを、可能とするものでした。そして東方での活躍の後、彼は首都コンスタンチノープルに帰還しましたが、ちょうどそこで発生した反乱を鎮圧すると、今度は西地中海遠征の指揮官を務めることになり、西北アフリカのヴァンダル王国を征服しました。続いて彼はシチリア島とイタリア半島を支配する東ゴート王国との戦いに派遣され、征服に成功、ところが再起したササン朝ペルシアが東方国境を脅かしたため、征服後の支配体制を固める間もなく東方国境へと転出させられます。ここで彼は、ササン朝史上に英主として称えられるホスロー一世を相手に防衛を成功させますが、この間にイタリアでは東ローマの武将達の拙劣な支配をはねのけて東ゴート王国が再興しており、これに対処するため、またもや彼はイタリアへと赴きます。ベリサリウスはここでも勝利して東ゴート王国に大打撃を与えますが、極度の戦力不足のため、そこから征服に繋げることはできず、その後しばらく、効果のない戦いを続け、やがてはイタリアを退去することになります。ここまでで二十年以上、東ローマ帝国の戦争の第一線で戦い続けてきたベリサリウスですが、二度目のイタリア遠征より帰国してからは戦闘からほぼ身を引いて、休息の日々を過ごします。ところが彼が第一線を退いて十年、北方のブルガリア人が首都コンスタンチノープル間近まで侵入してきます。この時帝国軍は各地の戦線に分散しており、首都の防備は手薄な状態にありましたが、ベリサリウスは皇帝と民衆の願いに押されて、防衛に当たり、自ら軍の先頭に立ってブルガリア人を撃破、生涯最後の戦いをも勝利で飾ります。

このうち戦いに出て目的を達成できなかったのは、二度目のイタリア遠征のみ、ある時は国家の盾としてある時は国家の剣として、ほぼ完璧に役目を果たし続けており、全く見事という他ない戦歴です。ところでベリサリウスは、この勝ちに勝ちを重ねた戦歴を支える戦略・戦術の才のみならず、その他の部分でも武将として模範的な存在でした。まず、彼は常に厳正な軍規を心がけています。また忠誠心も素晴らしく、その輝かしい軍事的才幹に嫉妬と警戒を感じた皇帝から、しばしば不当な冷遇・迫害を受け、反乱も当然と人々が見なす中、国家に対する忠誠を守り続け、黙々と戦い続けました。この点については、ベリサリウスに、雄々しく輝かしい英雄を期待するのであれば、期待はずれに感じられるかも知れません。ですがひとたび英雄崇拝を振り払うなら、ここには軍人の政治に向き合う態度として、史上における最良の模範を認めることができるでしょう。彼は、史上最高の英雄とは言えないにせよ、史上最高の軍人と呼んで良いかも知れません。

ところがこの偉大な軍人には、ちょっと人には見せられない、恥ずかしい側面が存在しました。今度はそのベリサリウスの華々しい戦歴の陰に積み重ねられた、恥ずかしい経歴を見ていきましょう。

対ヴァンダル戦争に際してベリサリウスはテオドシウスという青年を養子とするが、テオドシウスとベリサリウスの妻アントニナは熱烈な不倫関係に陥る。西北アフリカの中心都市カルタゴに滞在中、ベリサリウスは二人がほとんど裸でいるところを発見するが、妻がテオドシウスに片付けを手伝ってもらっていたと無茶な言い訳するのを、必死に信用する。

一度目の対東ゴート戦争の際、シチリア島に滞在中、侍女達が身の安全を保証するという条件でアントニナとテオドシウスの不倫を知らせてくれたので、ベリサリウスは制裁に乗り出すが、アントニナの涙と誘惑にあっさりとたぶらかされて無実を信じることにする。ちなみに密告者達はアントニナの命で舌を切り落とされ、体を切り刻まれて海に捨てられる。

アントニナの連れ子のフォティウスは母の所業に義憤を感じており、イタリア征服後、ペルシア戦線に滞在している義父ベリサリウスに対し、コンスタンチノープルで不倫に耽る母親を告発。ベリサリウスはフォティウスと協力を誓い合い、一旦コンスタンチノープルに戻ったベリサリウスは、アントニナを処刑する直前まで行く。ところがアントニナは親交のある皇后を事態に介入させ、皇后の面前で妻と抱擁することになったベリサリウスは、激怒していたはずが、あっさり互いに許し合う気持ちになる。ちなみにフォティウスは、憤激したアントニナの命で、笞や締め木による拷問や、地下牢への幽閉といった残酷な処遇を長らく受け続ける。

……何だかみっともないほど度が過ぎた恐妻家です。恥ずかしすぎるヘタレっぷりです。見捨てられた協力者達の殺害されたり拷問を受け続けたりといった悲惨な運命を思えば、見捨てたベリサリウスに対しては怒りさえ感じます。なるほど密告者達に対する虐待は全くアントニナの問題であって、アントニナが全面的に悪く、それはベリサリウスの罪ではありません。またアントニナを赦すことで密告者達を裏切る形になったとはいえ、ここで彼は自分個人を害するに過ぎない罪を、個人的決断で許しただけですし、完全な赦しを得て何の咎めも受けなかったアントニナがここまでの報復に出るとは予測できなくともやむを得ないので、彼の裏切りが絶対に罪であるとまでは言えないのではないかとは思います。ただ罪ではないとしても彼の態度は、あまりに不名誉であまりに恥ずかしすぎると思います。途中で裏切って見捨てるくらいなら、最初から告発なんか聞き入れなければ良かったのに……。何だか見ていてとても悲しいです。これが本当にあの名将なのかと目を疑いたくなるヘタレっぷりには、涙が出そうです。軍人として活躍を続けた彼に、毅然とした態度が取れないはずはありません。かつて東ゴート王国支配下にあるナポリを包囲した際、こんな小さな都市を包囲するより東ゴート王を倒してから服従を命じて来ればよいと包囲解除の交渉を行うナポリ側に対し、自分は敵側との協議では、建議を受けるのではなく授ける習慣なのだと、言い放ったことさえある、傲慢なまでの自信に満ちた勇将に、毅然とした態度をとるだけの力や度胸が無いはずがないんです。なのに、なんで彼は自らの名誉と協力者のために、その力や度胸を使ってくれないんでしょう。力も度胸もない人間なら仕方ないでしょうが、力も度胸も十二分にある彼ほどの者が、どうして自らの名誉と協力者のために、その力や度胸を使ってくれないのでしょう。こんな醜態さらすなんて、いったい彼の思考回路はどうなってるのでしょうか？

そういえば、ペルシア戦線でホスローを退けた後、ベリサリウスは、彼の活躍に嫉妬と警戒心を抱いた皇帝によって、後継者問題に絡む陰謀に加担したとの濡れ衣で処刑されかかり、妻と皇后との親交のおかげで赦免されるのですが、その際、アントニナを恩人としてその前にひれ伏し、足へと接吻して、以後アントニナの忠実な奴隷として生きることを約束しています。妻が夫の苦境に可能な範囲で手を差し伸べるのは当然だと思いますし、重ね重ねの不倫を赦した温情を考えれば、彼にはこの数倍の助力であっても当然得る資格があると思います。それがたった一回当然の助力を得ただけで、この返礼ですか。いったいこの夫婦の関係は何なんでしょうか。そうですか、なるほど、分かりました。彼らを対等に互いに助け合う夫婦の関係とか考えるのがそもそも間違いだったのです。ベリサリウスとアントニナは夫婦の形式を借りているだけで、魂は元より奴隷と女王様だったに違いありません。ベリサリウスにとってアントニナに屈従し、いぢめられるのは、大いに喜びとするところであって、今度の件も、隷属関係を、喜ばしくも屈辱的に人々の前で言明する絶好のプレイの機会であると、勇躍大いに活用した、ただそれだけなのでしょう。それなら、最初にテオドシウスとアントニナが裸でよろしくやってるのを見た時も、女王様が奪われそうなことに怒りと焦りを感じながらも、そのことさえも快楽に変えて、屈辱を受ける喜びを十二分に堪能していたに違いありません。そしてそれ以降、実は全てを知った上で、極上の喜悦を感じながら、屈辱的な地位に甘んじていたに違いないのです。フォティウスの告発を聞いた時の驚愕と憤激からして、彼は妻の潔白を信じていたらしい、とか言われてますが、だいたいアフリカ遠征の時点で、あまりの大っぴらさに、軍中に不倫を知らぬ者なしって状態に陥っており、その状況下に裸の密会を目撃したのですから、以後、何も知らず本当に無実を信じていたなんてことはあり得ないのです。いくらなんでも、彼ほどの者がそこまで愚かなはずはないのです。

ところでベリサリウスが被虐趣味のダメ人間で、良いように妻を寝取られる屈辱に、喜びつつ浸っていたのだとすると、協力者気取りの密告者達のお節介なんか、本当は邪魔なだけだったでしょう。告発を受けては憤激し、自称協力者達と手を結んではいますけど、おそらく武人として司令官としての体面上、面と向かって告発までされればそうせざるを得なかったというに過ぎないのでしょう。本当は全て承知の上で、内心、いらんことするなとか思ってたんでしょうね。協力者気取りで密告した者達は馬鹿なことをしたものです。人の性愛に口を挟んで、幸せをかき乱し、自分まで不幸になっている。性愛って分野に関しては自分の価値観で他人の行為に口を挟んではいけないってことですね。

それにしてもベリサリウスほどの者が被虐趣味のダメ人間ですか。確か被虐趣味と英雄的献身的な性格の間には、結構密接な関連があるとも言われてますから、彼がそんな趣味でも不思議はないんですよね。ひょっとしたら、軍を率いて日々重責と決断を担い続ける彼の心は、一切を他人の意志に委ねる奴隷の境遇に、解放と癒しの楽園を見出していたのかも知れません。

ところで、ベリサリウスには、晩年、零落し目を刳り抜かれて、将軍ベリサリウスにお恵みをとパンを乞うて回ったという伝説が、十二世紀の学者によってでっちあげられているのですが、どうせでっちあげるなら、マゾ豚ベリサリウスにお恵みをと自宅の門の前で女王様の鞭を乞うてのたうち回ったことにでもすれば良かったと思います。

嫁が恐くて家出して、職務放棄を臣下に叱られたヘタレ皇帝

楊堅（541〜604）

中国の隋の建国者で長く分裂していた中国を再統一した。科挙という試験制度を発明して人材を集めるなど、内政を充実させた。

楊堅は文帝の帝号を持つ大帝国隋の建国者で、三百年近く分裂状態にあった中国を再統一した男です。

彼は、始め中国北部の北周の貴族として力を振るい、宰相として反乱鎮圧することで、勢威を大いに高めます。そして、581年、帝位を自分に譲らせて隋を建国し、以後、対外的には慎重堅実な戦略を積み重ね589年に中国を統一、対内的には強力な統治体制を整備して帝国の基礎を固めていきます。

そして彼の仕事の中でも特に注目に値するのは、科挙という人材登用制度の創設。この頃の中国は貴族中心の身分制社会で、名家に生まれなければ立身出世の道が閉ざされていたのですが、それがこの科挙は、なんと、試験によって広く人材を採用する制度だったのです。つまり、科挙によって貴族以外の者にも出世の可能性が開かれることになったわけで、これは帝国の建設・維持に必要な多数の有能な人材を集められるという効果に加えて、身分制社会の閉塞状況に風穴を開ける歴史的意義まで持っていたのです。

ところで、こんな巨大な業績を残した楊堅ですが、驚くべき事に、生活は非常に真面目で慎ましやか。彼は、臣下に体に悪いと止められるくらい毎日懸命に働きましたし、質素倹約を旨として暮らしました。おかげで隋

の国庫と人民は、宮廷の浪費に苦しめられることもなく、彼の治世下で民力は回復し、国庫は莫大な蓄えを残します。その政治の素晴らしさについては、彼の死の数年後の中国の人口が四千六百万もの数を誇ったことが、なによりの証拠でしょう。そこから半世紀後の、隋に取って代わった唐の太宗の治世は、史上屈指の理想的時代として絶賛されながら、人口一千二百万人に過ぎないのですが、なんと隋の人口はその四倍。歴史上の人口というのは、国土上の人間総数と言うよりは、国家にどれだけ統治能力があって、どれだけの人にその支配が受け入れられたかの証拠と言うべきものなので、近い時代の名君の治世の四倍という人口こそ、楊堅の確立した隋帝国の統治能力の証明。すなわち楊堅の政治の素晴らしさの証というわけなのです。

で、こんな偉大な皇帝楊堅ですが、個人としては結構ダメなとこがあります。実は彼は、非常な愛妻家。結婚の時に他の女に子は産ませないと、浮気しない誓いを立てさせられた彼は、その真面目な人柄と皇后の独狐氏の強烈な嫉妬心によって、なんとほとんど他の女を相手にしなかったのです。権力者としては、これはかなりの異常事態です。とはいえ別にこれをもってダメ人間と呼んでるわけではないんですよ。むしろ女漁って後宮の美女五千人とか一万人とか社会的に超迷惑な歴代権力者と比べて、その慎ましさにはむしろ、さすが賢帝と、涙が出るほど感動です。しかし、それでも、楊堅がつい魔が差して一度浮気してしまった時の態度に関しては、ダメ人間呼ばわりをしないわけにはいきません。

そう、いかな賢帝とて荒ぶる金の玉に支配された男ですから、なかなか下の欲求には抗いがたく、彼もうっかり凡俗どものように他の女に目を奪われることもありました。それで、彼は権力者ですので、そうなるとうっかり本番まで及べちゃったりするんですね。ところが、そのことが独狐氏に感づかれて、強烈な嫉妬心の持ち主とされる彼女は、その女を殺してしまいます。これは嫉妬だけが原因じゃなくて、その女が楊堅のかつての最大の政敵の遺児だったって事情もあるんでしょうが、とにかく、激怒した妻の最も強硬な措置によって、楊堅は浮気相手に、どうあがいても二度と手が出せないようにされてしまいます。で、ここからの楊堅の行動が問題のダメ人間ポイント。皇后の措置に不満を抱いた彼は、なんと、すねて単身首都を抜け出し、山地の谷間へと逃げ込んでしまったのです。気に入らないことがあったからって、いい歳こいたオッサンが、すねて家出までするか、普通。しかも連れ戻しに来た大臣相手に、自分は一番偉い皇帝なのに自由がないよとごねた上、たかが女のしたことのために天下の政治を忘れるなと、叱られています。でも、ごねる相手が大臣な辺りがなんともあれですね。同じように皇后相手に言ってみてくださいよ、「俺は皇帝だぞ、この世で一番偉いんだぞ、どんな女を抱こうが俺の自由だーっ」って。まあこんな風に悪く開き直るのは賢帝として相応しくないとしても、せめて、「悪いのは自分なのに、相手の女を殺すのは非道い」くらい言って、皇后相手に闘うべき。ほんと、皇后には全く頭が上がらないんですね、ヘタレ。それにしても、すねて家出のお子様っぷりと言い、妻に全く頭の上がらないヘタレっぷりといい、良い感じにダメ人間過ぎて、妻に手なずけられて依存しきって、楊堅ちゃん今日もお部屋のおそうじ、もとい、お国のおせいじ良くできまちたねーとか言われてる姿が目に浮かびます。なにせ彼の皇后への信頼は、政治でも何でも皇后に相談し、皇后に先立たれた後の喪失感の中、女遊びを始めて生活を乱し、皇后が生きててくれたらこんな死に方はせずに済んだのにとぼやきつつ、病死してしまったほどなので、本気でこれくらい子供みたいに皇后に懐いてた可能性がありますよ。

もっともっと大きなチンコを朕のあそこに突っ込みなさい　～巨根大好きババァの悪名を残した老女帝～

則天武后（624～705）

中国の唐の皇帝高宗の皇后で、高宗が病弱のため政治の実権を握る。更に唐に替えて周を建国、中国史上唯一の女帝となった。

則天武后は強烈な意思と圧倒的な政治力で、女性の政治関与を忌み嫌う儒教国中国にあって、史上ただ一人の女帝となった人物です。ですから日本で一般的な則天武「后」という呼び方は彼女を総轄して語るには相応しくなく、近年の中国では武則天とか女皇武則天と呼ぶのが一般的だそうです。日本だと、彼女をどう呼ぶべきか難しいところですが、この人、中国史における女性としては珍しく名前が伝わっているので、せっかくだから以下では本名の武照で呼ぶことにしましょう。

さて、この武照、唐帝国の功臣の娘として生まれ、帝国の後宮に入って出世していくのですが、その際、少々ややこしい道のりをたどります。彼女は最初、第二代皇帝太宗の後宮に入ったのですが、そこで彼女が太宗と大した関係を築くこともなく、後宮内で何ら存在感を示さぬ内に、ついに649年、太宗は死亡してしまいます。こうなると本来、武照は尼になって太宗の菩提を弔う余生を送らねばならないはずだったのですが、ところが、どういう経緯かいつの間にか色んな説があるんですが、とにかく彼女は太宗の息子第三代皇帝高宗の寵愛を受け、ついにはいつの間にやらこっそりと高宗の後宮に入ることになったのです。こういうわけで、後宮での出世の機会を再度得た武照は、そこでめきめき力を伸ばします。彼女は高宗の心を鷲掴んで離さず、更に他の后や皇后を謀略で陥れ、655年、皇后の地位を獲得したのです。なお武照を皇后にする際には、建国の元勲で名門貴族の派閥のリーダー長孫無忌らが強固に反対していたのですが、武照は新興官僚層を手なずけることでこれに対抗し、皇后になった後も反対勢力と暗闘を続け、長孫無忌に謀反の疑いをかけ一族皆殺しにするなど、反対勢力を叩き潰していきます。そして660年、そもそも気弱で次第に武照に政治の実権を明け渡しつつあった高宗が、健康悪化で政務を執れなくなると、以後、武照が直接政治を独裁することになったのです。

その後、高宗が病没しても彼女は自分の子を次々傀儡皇帝にして政権を維持、彼女に反抗して挙兵した唐の皇族らを粉砕し、密告の奨励と拷問による恐怖政治を展開して、ますます権力を強めていきます。そして690年、彼女は帝位を奪って国号を周と改め、以後十五年間皇帝として中国に君臨したのです。

で、以上のように権力闘争を見事勝ち抜いて政権を掌握した武照は優れた謀略家であることは間違いなく、それだけでもある種の偉人と呼んで良いのですが、更に掌握した政権を運営する政治家としても彼女は一級の人物でした。

まず、武照は、人材発掘の達人で、彼女の抜擢した俊英は彼女の治世のみならず彼女の死後までも大いに活躍しています。また、彼女の治世下で唐の領土は最大となり、唐イコール周帝国の威信は、彼女の執政によって長らく強盛を保ち続けました。しかも、彼女の執政期には天災も少なくなかったのに、彼女は適切に対処して社会の安定を保ち続けており、なんと彼女の治下においては農民暴動がほとんど記録されていないのです。さらに彼女は学芸を庇護して、文化を大いに振興してもいます。なお彼女自身、書をよくするなど優れた文化

天文字だった

力の持ち主でしたが、そんな文化人武照の影響は実は現代日本にまで及んでいて、なんと、彼女の創造した則天文字という約二十個の新漢字の一つが日本で、今なお使われています。現代日本には高名な歴史ヒーロー水戸黄門というキャラクターがいるわけですが、この黄門様の名前である光圀の圀の字こそが、則天文字だったりするのです。

さて、そろそろこの大政治家武照がダメ人間であったという話に移りましょう。武照のダメ人間ポイントですが、それは、でっかいチンチン大好きなとこ。なんと、彼女は、陽道壮偉（ビッグちんちん）ないい男を求め、マッチョ坊主の薛《せつ》懐義（元々薬売りだった彼を寵愛するようになった武照が、彼を白馬寺の住職に任じたという事情があるので怪僧の妖しげな秘術で女帝がメロメロになったとかいうわけではない）や美少年の張易之・張昌宗兄弟と、彼女の晩年の六十代七十代の時に醜聞を残しているのです。別に、巨根好きでも何も悪いことはないんですが、でも何となく、少し、ダメな感じですよね。いや、別に女だから貞淑に性欲なんか無いかのような顔で生活しろとか言うつもりはさらさら無いですよ。好きに性的嗜好を追求してくれれば良いと思います。でも、ほら、男が、でっかいオッパイが余りに好き過ぎて、世間に巨乳好きの噂立てられるとこまで行ったら、さすがに少し恥ずかしくて何ともダメな感じじゃないですか。それもジジイになってなお枯れずにお盛んで、ワシはおっきいオッパイが好きぢゃあああとか吠えて、巨乳のお姉ちゃん追っかけ回してたら、その自省の無さに失笑しますよね。それと同じで、老婆なのに、世の評判になるほどビッグちんちん大好きだったら、それはやっぱり行き過ぎで一種のダメ人間だと思うんですよ。

「俺も昔は悪かった」と刃物片手に不良ぶるお調子者の酔いどれ文人、ヤクザに絡まれ馬脚を現す

李白

（701〜762）

中国、盛唐の詩人。字は太白。杜甫が詩聖と言われるのに対し詩仙と称せられ、その詩は神品とされる。酒を愛し飄逸であった。

唐代の漢詩は、現代に至るまで日本の我々をも魅了しています。中でも、「詩聖」杜甫と並んで評価が高いのが「詩仙」李白ではないでしょうか。現在において李白の評価が高いのは勿論のこと、同時代においても既に天才詩人として知られていたようです。杜甫が五言律詩（五文字の詩句を四つ並べる形式）を得意とし句を磨き上げるように作詩していた一方、李白は七言絶句（七文字の詩句を八つ並べる形式）・楽府（楽曲にあわせて作られた詩で形式は必ずしも定められていない）に長じており、流れ出る言葉のままに作品を仕上げていくという特徴があったとか。その作品は、規範に拘泥せず自由な発想とリズムに富んでおり、人々の耳と脳裏に染み込むような印象を与えると言われます。酒・山河や旅情・別離・男女の情を好んで題材とし、人生の喜びと哀歓をうたいあげており「白髪三千丈、愁に縁《よ》りて個《かく》の似《ごと》く長し」（『秋浦歌』）のように人口に膾炙した句も少なくありません。まさに中国文学史に巨大な足跡を残す偉人といって差し支えないでしょう。

彼の出自は不明であり、異民族説もあります。少なくとも名のある家系ではなかったようです。そのせいか、科挙で合格できる見通しが無かったのか受験した記録が残っていません。何しろ、当時は科挙を受けるにして

も家柄がものを言いましたからね。二五歳まで蜀で過ごし、その後は各地を放浪しています。

その時期に関する記録として、李白の回想を直接聞いてまとめた魏顥『李翰林集序』には「若いころは侠を自称し、数人を斬った」とあります。李白は若い頃の私闘による殺人歴を自ら述懐したんでしょうか？　何となく漫画『北斗の拳』作中で力自慢の一般人が「おれは　かつて　この腕で　プロレスラーを　絞め殺したことがある!!」（武論尊・原哲夫『北斗の拳』文庫版三巻、集英社文庫、２８９頁）とさりげなく殺人の前科を自白していた場面を連想してしまいます。李白は常に剣を携えて酒席では抜き身を手に舞うのを好んでいましたし、侠の精神を称える詩を作ったりしていますから、アウトローでバイオレンスな境地を好んでいたのは間違いないようです。しかし、本当にそんな武芸の腕が彼にあったのかは疑問です。というのは、陸調という人物に贈った詩で、李白は長安でやくざ者に取り囲まれ因縁をつけられた際に助けられた感謝を述べているのです。武侠の人にしてはしまらない話ですね。おそらく酔った勢いで気が大きくなって「オレは若い頃はワルでねえ、何人か殺っちゃった事があるんだよ」と偽の武勇伝を語っていたんでしょうね。豪傑ぶっているが実際は小心なダメ人間の姿が眼に浮かびます。何だかしょんぼりでみっともないです。

さて李白はこうした放浪中に道士や任侠の士と交際し、詩人・道士として人脈を作り名を上げようとしていました。その際、自分と同じ「李」姓の相手にすがってしばしば相手を「いとこ」「おじ」といった風に親戚として呼びかけています。同じ姓の相手を親戚呼ばわりするのは中国では珍しくないのですが、李白の場合はパトロンを求めるため当時としても度を過ぎて見境なく様々な系統の「李」さんに声をかけていたらしく、後世の研究者が李白の家系や世代を考える際に混乱する元になったようです。全くややこしい。因みに自身では唐の王室（やはり「李」を姓としていました）と共通の祖先を持っていると称していたそうで、勿論嘘っぱちですが、何とも図々しい限りですね。それでも流石に王室から分家したとは言えないあたり、法螺にしても中途半端でヘタレな感じです。

ともあれそうした猟官運動の甲斐あってか道士の長老・賀知章の推薦を得て四二歳で仕官の夢が叶います。しかし、酒好きで束縛を嫌う性格は当然の如く周囲と衝突。玄宗から召し出された時に酒屋で酔いつぶれていたとか、玄宗が信任する宦官・高力士を酔った勢いで侮辱したといった逸話は広く知られています。芸術家肌の人物の例に漏れず社会人としては致命的欠陥を抱えていたわけですね。晩年にも長江流域を放浪し、伝説では最期は酔って船に乗り水に浮かんだ月を採ろうとして溺死したとされます。真偽は不明ですが、その奔放な生き様が人々を惹き付け後世に様々な逸話が生まれた事は想像に難くありません。まあ、酒に溺れ社会性に乏しいダメ人間なのは否定しようも無いですが。

李白は親交があった杜甫・孟浩然《ねん》ともども、豊かな教養・感受性を持ちながら科挙の時代にあって栄達できなかった、もしくは政治の世界と合わなかった存在と言う事ができます。芸術家気質の典型、と言ってしまえばそれまでですが能力主義的に制度が整備されるとこうした人々が適応しにくいのは仕方ない事かもしれません。しかし彼らの得意とする才能を評価し、一旦は受け入れた中央政府や落伍者である筈の彼らを語り継いだ社会の懐の深さには感嘆を禁じ得ません。

皇帝陛下の抑えきれない上下の肉欲を思い知れ　～焼き肉と妹の肉体を激しく貪った大皇帝～

カール大帝（742～814）

中世ヨーロッパのフランク王国の王。領土を西ヨーロッパの大半にまで広げ、キリスト教と提携して皇帝を名乗った。

７６８年に即位した、フランスとドイツ西部を支配するフランク王国の国王カールは、対外的には、イタリア、ドイツ中東部、東欧、スペインへと征服の手を伸ばしてフランク王国の領土を倍増、西ヨーロッパの大半を支配するに至った大君主です。そのうえ、彼は、ローマ教皇レオ三世と手を結んで、８００年には教皇から帝冠を授けられて皇帝となっており、これらによって西欧キリスト教世界の枠組みが確立したとも言われています。

彼は、対内的には、諸部族の慣習法と並んで成文法をも重視するようにしたり、あるいは忠実な臣下を要所に伯として配置するとともに、聖職者や巡察使を監視役として駆使して地方の統制監督に努めるなど、帝国の統治制度の整備に力を注ぎ、分散傾向にある社会と領土および家臣団を、統一的な支配の下に収めようと努力しています。

また彼は、当時の低下していた文化水準の回復政策にも力を入れています。彼の強力な後ろ盾によって行われた、知識人に対する保護・助成、キリスト教や古代世界の文献の収集・研究、学校の設置等の文化活動により、大いに文化が振興され、その成果はカロリング・ルネサンスと讃えられたりもします。

このように果敢な軍事活動、英明な政治的・文化的施策によりフランク王国の最盛期を創りだした彼は、カール大帝（シャルルマーニュ）と尊称付きで呼ばれていますが、そんな偉大な彼は実は相当なダメ人間でした。

何がダメなのかと言いますと、実は彼は肉体的な欲にちょっとばかり抑えが効かず、少々偏執的な形で欲望が暴走してたりするんです。

彼は、飲食を控えめにしようと心がけていて、酒は飲んでも飲み過ぎず、宴会開きまくって御馳走にはしゃぐようなまねもせず、常々食事の品数も抑えていたのですが、それでも食物については結局、「「お腹がすくと体に毒だ」とたびたびこぼしていたほど、控えめになれなかった」（エインハルドゥス／ノトケルス『カロルス大帝伝』國原吉之助訳、筑摩書房、３４頁）とのことで、お体はバッチリ肥満体型、お腹も前に張り出してございます。

ちなみに、こんな食欲魔人カール大帝が好んだのは、まずは青黴チーズ。旅行途上で現地の司教にチーズを提供させた時に、青黴が入り込んだ部分を削ぎ落としたところ、そこが一番おいしいと忠告されてその味に感心し、非常に好むようになった代物です。この時、すっかり青黴チーズの魅力に参った彼は、司教に対して、大量に青黴チーズを届けるよう言いつけます。そして司教がチーズを手に入れてもそこに青黴が入っているかどうかは分からないと困惑したところ、彼は、全てのチーズを切り開いて青黴の入った所のみを集めて送るよう命じました。「すべてのチーズを真中で切り、青黴の見られる所を串に通してつなぎ、それを桶の中に入れて予のところへ送れ。その他のチーズはおまえやおまえの聖職者や家族にとっておけ」（同７８頁）。こうしてこの作業を続けて二年、「この贈り物がこっそりと送りとどけられるように命じられ」（同書、同頁）、あの運命の年から三年目の翌年、司教は蓄えたチーズを献上し、「すると、公平無私のカロルスは、司教のこれまでの心配と労苦をねぎらって、その司教区に最上の領地を与えた」(同書、同頁)とか(カロルスはカール大帝のことです)。

公平無私? むしろ私欲バリバリ公平無視じゃないですか?

さらに、彼の食欲はもっとはるかに暴走していきます。彼の最大の好物に関してはもっともっとすごいのです。その好物とは焼肉(「燔き肉」)。彼が食事に出す品数を抑えていたことは既に言った通りなのですが、しかしせっかく数抑えてるのに、「もっとも燔き肉だけは番外で、いつもこれを狩人が串にさして持ち込んでいた」(同34、35頁)。食事を抑制ってゆーか、単に肉食いまくるために、他のメニューを拒否してるだけなのでは?

挙げ句の果てに「死ぬ前の四年間というものは、絶え間なく熱病におかされ、最後まで片足をひきずっていた。そして、その時でも、大抵のことは医者の判断に従わず、自分の判断で処置した。医者をほとんど敵視していた。というのも医者は、彼になじんでいた燔き肉を止めて、ゆで肉を常食とするように説得していたからである」(同33頁)。

ボクはたとえ命を無くしても、焼肉を食べることを止めない!

肉食民族のヨーロッパ人に史上最高の支配者として君臨するカール焼肉大帝の煮えたぎる肉欲に、貧弱な米食ジャップどもよ、さあ、恐れおののくがいい。

ところで、肉欲と言いますと、カール大帝は下半身の肉欲の点でも暴走ぎみって噂があります。

彼の臣下に、スペインにおける対イスラム教徒戦で活躍した勇将ローランという人物がいるのですが、なんと、このローランは、カールと妹の近親相姦によって生まれているのです。つまり、彼は病的なシスコンだったのです。家庭内の問題ですから、本人達が納得してるなら、別にそれを邪魔立てしたり咎めたりしようとは思いませんが、ダメ人間呼ばわりして揶揄する程度はしても良いでしょう……。

……とまあ、言ってはみたものの、実は、この近親相姦の言い伝えは全然信憑性がありません。「中世には、ローランが甥ではなく、カールと妹との近親相姦の結実だとする口伝と作品が流布」（『週刊朝日百科　世界の歴史33　7～8世紀の世界　人物』朝日新聞社、C―219頁）しただけです。だいたいローランという人物についての歴史的な記述は、アインハルト（エインハルドゥス、エジナール）『カロルス大帝伝』に、ヒスパニア（スペイン）遠征からの帰還時にピレネー山脈で「後衛隊」が攻撃を受け、「この戦闘で、宮廷料理長エギハルドゥスと宮中伯アンスヘルムスと、ブリタニア辺境伯フルオドランドゥスが、大勢の兵士とともに戦死した。」（エインハルドゥス／ノトケルス『カロルス大帝伝』國原吉之助訳、筑摩書房、18～19頁）とあるのみだそうです（なおブリタニアとはフランスのブルターニュ地方のこと、フルオドランドゥスはローランのラテン名です）。つまり、カールと妹の子かどうかどころか、もっと根本的に、何者なのか全く良く分からん人物。しかもローランの出生に関する伝説のうち一番有名なのは、このヒスパニア遠征の史実をもとに生み出された西欧中世最高の叙事詩『ローランの歌』に見られる、彼をカールの甥とするもので、カール大帝シスコン相姦伝説は、信憑性の薄い伝説の中でも、一層マイナーな極限まで信憑性に欠ける部類。

とはいえ、これでも相姦疑惑が消えたのみ。彼に対するシスコン呼ばわりを止めるのはまだ早い。我々には彼と妹ギスラ（757～811）の親愛についての歴史的な記述があります。アインハルトによれば「王にはギスラと呼ぶ唯一人の姉妹があった。彼女は少女の頃より、敬虔な信仰生活に魂を捧げていた。彼女をも母と同様に、深い愛情を込めて尊敬した。」（同30頁）とのこと。実際には姉妹は三人で二人が夭折したとのことですが、まあそんな細かいことはこれまでとしましょう。

で、これだけ読めば、単に家族愛が深かっただけのような気がしますが、彼の娘について「娘らはたいそう美しかったし、彼女らを王は鍾愛したために、これは不思議な話であるが、娘らを一人も、自国民にせよ他民族にせよ、誰のもとにも嫁にやろうとはしなかったのである。「予は娘らとの共同生活を失うことはとてもできない」と言って、娘らをみんな、自分が死ぬまで家にとどめていっしょに暮らした。」（前掲書、31頁）との話があります。要はカール大帝、家族フェチなんですよ。もっとも、彼の家族も同じく家族フェチとは限らないわけで、この家族愛の押しつけは娘の反抗を招いて、娘が未婚のまま子供つくったりはしていますが、とにかく彼の方の家族愛は「不思議な」ほどに過剰で異様なのです。

そしてこの相手を閉じこめてしまいかねないほどの家族愛の過剰っぷりと、妹への深い愛情関係から言って、カールは相当のシスコンであったと見て良いでしょう。そのうえカールは、「かなりの女好きであったとも伝えられる」（『週刊朝日百科　世界の歴史33　7～8世紀の世界　人物』朝日新聞社、C－219頁）そうです。これを考え合わせれば、妹への過剰な愛情のあまり一人悶々と、ヤバイ方向に重度のシスコンぶりを発揮し悶えていたことも、ひょっとするとあったかもしれません。心で姦淫すれば実際に姦淫したのと同じとかいう考え方もあったような気がしますから、中世ヨーロッパ人の妄想も、当たらずとも遠からず、割と良いところを突いている気がしないでもなくなってきました。

ということで、多数のサイレントマジョリティを考慮に入れて決定させてもらいます（↑根拠のない自分の主張を押し通すための魔法の言葉）。カール大帝（シャルルマーニュ）は病的なシスコンです。

競馬に熱中して仕事を忘れた若き英雄皇帝

ミカエル三世（838〜867）

ビザンツ帝国皇帝。位842〜867。イサウルス朝出身。ビザンツ興隆期の皇帝。マケドニア朝のバシリウス一世に簒奪された。

ミカエル三世は、ビザンツ帝国が暗黒時代から抜け出しつつあった時代の皇帝です。七世紀以降、ビザンツ帝国は東方に勃興したイスラム世界との戦いに明け暮れました。イスラムによってシリアやエジプトといった豊かな地域を奪われ一時期は滅亡寸前まで追い込まれますが、九世紀頃には帝国は体勢を立て直しある程度の失地回復に成功。そんな中で即位したミカエル三世も優れた軍事的才覚の持ち主で、863年にはララカオン川の戦いで侵入したアラブ軍を壊滅させるという快挙を成し遂げています。民衆の間では、この戦いにおける彼の勝利を称えた『アルムリスの歌』が語り継がれたとか。これに加えて、配下の将軍であるフォーカスもクレタ島を奪回しています。ちなみに彼の時代はビザンツの文化が復興し始めた時代であり、多くの学者が活躍の場を得ました。また、彼の父親が禁じた聖像崇拝をコンスタンチノープル公会議で再び許可したのもこの時代。ミカエル三世はビザンツが華やかさを取り戻し栄光へと向かいつつある時代に君臨した皇帝だったのです。

そんなミカエル三世ですが、勲功だけでなくダメな逸話もしっかり残しています。彼は酒好きであり、それも『年代記』に「飲んだくれ」と不名誉な渾名を付けられる始末でしたから余程のものだったと思われます。

また、数学者レオーンの手によって東方国境から都までの監視・連絡システムが確立され烽火によって変事が勃発すれば一時間で帝都に伝わる体制が整えられていたのですが、ミカエルは遊び好きであり競馬を楽しんでいる最中に緊急連絡があったら困るといって、この連絡体制を廃止してしまったそうです。……有事への対応よりも遊興の方が大事ですか。飲んだくれるのは酒乱でもない限り個人の自由で済みますけど、これは帝国の最高権力者としていただけません。幸い、彼の在位中に東方の敵が侵入する事はありませんでしたが、それはあくまでも結果論です。下手すれば、中国周王朝の幽王みたいに異民族が都に攻め入っても誰も対応しないといった不覚を取ってたかもしれないですよ。

とはいえ、彼は簒奪された皇帝ですから、実際以上に悪く言われている可能性はありますけどね。特にビザンツでは、『年代記』を始め現在の皇帝を称揚し、阿諛追従するため過去の皇帝を非難する事例が珍しくなかったようですから。

さて、彼から帝位を奪ったバシリウスも有能で軍事的成果を残しています。この時期のビザンツ帝国には勢いがあったんですね。この流れが十世紀・十一世紀のニケフォロス二世やバシリウス二世による黄金時代へと繋がっていくのです。

演劇ファンの軍人皇帝、俳優を取り巻きに大はしゃぎ

李存勗（885〜926）

後唐の初代皇帝。廟号は荘宗。後梁を滅ぼし四川を併合して淮水・長江中流域以北を統一。内政が乱れ殺された。

李存勗《きょく》（荘宗）は、十世紀の中国における五代十国（中原を支配した五つの王朝と多数の地方政権の時代）の一つである後唐の建国者です。李存勗の父・李克用は突厥沙陀族出身の勇将で、独眼流と渾名され唐末の大反乱である黄巣の乱でも功績を挙げました。それを契機に河北の有力軍閥・晋王となりますが、中原の最有力者・朱全忠と比べて老獪さで及ばず、戦略的に包囲され劣勢に追い込まれていました。李存勗はそんな中で十七歳の若さで家督を継いだのですが、世代交代直後の混乱を狙って攻め入ってきた朱全忠（当時、後梁王朝の皇帝）の軍勢を打ち破る活躍を見せています。この際、朱全忠は「子を持つなら李存勗のような子を持ちたいものだ、我が子は豚児ばかりだ」と慨嘆したそうです。その後も一族李嗣昭の財力や名臣張承業の補佐にも助けられ、父譲りの軍事能力で周辺勢力を併呑し、強大な北方騎馬民族契丹とは友好関係を築いて後梁と同等の国力を得ました。その上で敵の内紛に乗じて形勢を逆転させ、唐の再興を大義名分として国号を「後唐」と改めた上で帝位につき、河北を併呑した勢いに乗って後梁を滅ぼし最有力勢力にのし上がった極めて優秀な武将でした。軍事面だけを問題にするならば、この時代の皇帝達の中で最強を争う一人ではないかと思います。

しかしそんな李存勗にも、ダメな一面がありました。彼は音楽に長じ演劇に凝って演じるのを好んだそうです。それ位ならただの物好きで済みますが、俳優を近づけて彼らと戯れるばかりとなると話は別です。おまけに彼らに近衛軍の将やら地方長官の官職を授け、俳優たちは宮中で我が物顔だったというから呆れます。まあ、一族や配下武人は心強い味方であると同時に自らを脅かしかねない存在ですから、警戒するというのはわかります。特にこの時代は一族といっても才能を認められ父の養子になった人間ばかりで実際には血が繋がっていませんから。それでも、功績も能力もない俳優を取り巻きにして悦に入っていて良いってことにはなりません。政治が乱れるパターンとして誰も信用できなくなった君主が、宦官しか傍に近づけなくなるというのはよく語られますが、はっきり言って宦官の方が実務に長けている例が多々あるだけずっとましじゃないでしょうか。結局、宿将や一族の心が離れて孤立し頼りとするはずの軍に反乱され殺される羽目になりました。ちなみに、彼を直接に殺害したのは寵愛していた俳優の一人だったとか。実に義理堅い臣下を持ったものです。

李存勗は乱世で輝いた群雄でしたが、軍事に特化して他がダメ過ぎたので自滅した例といえますね。この時期には彼に限らず、そんな群雄が多くて短期間に多くの王朝が入れ替わる事になるのですが、李存勗に取って代わった李嗣源（明宗）は在位期間が短いながらも穏当な名君だったのは人々にとってせめてもの救いであったのではないかと思います。因みに明宗が宰相として登用し信任した人材に馮道がおり、彼は各王朝を渡り歩いて民政の安定に力を注いだ事で知られています。

溜まりに溜まった政治の垢を掃除しようと苦闘した、垢にまみれた不潔な体の赤心溢れる政治改革者

王安石

（1021～1086）

中国、北宋の政治家。字は介甫。新法による政治改革を断行したが保守派の反対にあう。文人としても優れ、唐宋八大家の一人。

王安石は中国の北宋王朝が直面した軍事・財政の難問に立ち向かうべく改革に取り組んだ人物です。北宋は生産力の向上や商業の発展に伴い大きく経済成長を遂げた時代ですが、王安石が生きた時期になると北方民族による軍事的圧迫や軍事支出・官吏への給与に伴う財政赤字、農村の疲弊といった難題に苦しんでいました。そこで王安石は地方官の経験を生かし、合理的思考に基づく様々な改革案を出したのです。主なものを挙げると、均輸法（物資輸送を政府管理におき税収入を確保）・青苗法（政府の蓄えを農民に貸し付ける）・市易法（公認した商人による価格調整と商人への資金貸付）・募役法（雑役を銭で免除し人を雇って行う）・保甲法（村で軍事訓練を行い治安を維持する）・保馬法（馬を貸し付け農業用に使用すると共に軍馬確保する）などがあります。加えて彼は士大夫（エリート）層の綱紀粛正や実務に長じた人材の育成をめざした教育改革にも尽力しており、学校教育にも熱心で三舎法を定めて卒業者をそのまま官僚に任命する制度も定めています。これらの大規模な改革は彼を抜擢した神宗皇帝による支持を得て敢行されある程度の効果は挙げましたが、既得権益を奪われることを恐れた地主層や前例無視に反発する士大夫が強く抵抗。結局、新法は定着せず、更に新法派・旧法派の対立は深刻な政争へと発展し

北宋滅亡の一因となりました。その後、旧法派に司馬光・蘇軾《しょく》といった人気のある文人が多かったせいもあり王安石はしばしば批判の対象とされましたが、現在では進歩的改革者として評価されています。

そんな王安石ですが、アクが強い性格であったようでダメっぽい逸話も結構残されています。まず彼は格好に無頓着でした。着物が汚れていても洗濯せず平気で着続けていたし、風呂に入るのも面倒くさがっていたそうです。そのため顔が黒ずんでおり、弟子が心配して呼んだ医者からは垢で汚れているだけだからと顔を洗うよう指示されたのですが従った様子はありません。仕方がないので呉充・韓維といった友人が見かねて一、二ヶ月に一度寺へ入浴に連れて行き服を用意して着替えさせるのが常だったとか。全く、持つべきものは友ですね。

彼は勉強好きで食事時間や睡眠時間も惜しんで読書をしていました。それ自体は美談なんですが、箸を使うのが面倒なので手でつかんで食べて服を汚していたと言われています。先の逸話もそうですが、不潔だし行儀も悪いです。見栄えも悪くなると思いますよ、人は見かけが九割とか言われてるのにそれじゃ敬遠されて色々と不利だと思います。そして睡眠不足で遅刻してしまった時には顔を洗わず頭もボサボサだったので上司に夜遊びをしていたと勘違いされ叱責を食らい、後で「自分は昨夜勉強していたから遅くなったのだ、それなのに見る眼のない事だ」とボヤいたりしてます。遅刻は遅刻でしょうが。もう社会人なんだから、ルールは守ってくださいね。

また勉強している時以外でも食事には無頓着で、仁宗皇帝が釣りの宴を催した際に間違って魚用の餌を食べてしまい、しかも平然とそのまま食べ続けて皇帝の顰蹙をかったと言われています。途中で気付いたが引っ込みがつかないと思ったのか、それとも素で気付かなかったのか。前者だとすると不要なところで頑固だったといえます。「あ、間違いました」とあっさり認めれば笑い話で済み、特段不名誉でもないと思うのですけどね。しかし、後者である可能性もありそうです。伝えられるところによると、食事の際にいつも目の前にある鹿の干し肉ばかり食べているので好物かと思われたのですが、ある時に干し肉を別のところに置くと無視して一番近くの料理だけに手をつけていたとか。おそらく、他の事を考えながら心ここにあらずで食事しているため、一番近くの皿しか見えてないんでしょう。釣り餌を食べ続けたのもそのせいかも。因みに彼の政敵で詩友でもあった蘇軾は美食家で有名であり、様々な料理を工夫したり流罪先でも現地の食材を用いて食生活を楽しんだといいますからこの辺りは対照的ですね。もっとも、格好に拘りがなかった辺りは共通しています。ま、蘇軾の場合は王安石みたいに汚くても気にしない、て事はなかったと思いますが。もう一人の政敵・詩友である司馬光は堅苦しい道徳家で服装にはうるさそうですが食事には無頓着だったのではないかと思います。

とりあえずこれまでの話を結論すると、彼に欠けているものは常識と社会性だと思います。そうした鈍感力やら集中力やらがしがらみに捉われない合理的思考を可能にし、前例のない大改革を推し進める原動力になったのではないでしょうか。一方、そうした癖の強さは利害関係抜きにしても相手の反発を呼んだと思われ、人間関係で作らなくても良い敵を作った側面もあったのではないかと。そう考えると、改革の上で彼のキャラクターは得だったのか損だったのか、判断が難しいところですね。

神の掟を踏み破り男色の罪を犯した神の軍勢の背徳変態司令官

リチャード一世

（1157～1199）

中世イギリスの王。十字軍という欧州キリスト教諸国の対イスラーム戦争で大活躍するなど、勇名を轟かせた。

リチャード一世は中世イギリスの国王で、獅子心王の異名で知られる勇将です。

リチャードは十字軍（1189～1192年）に参戦してアジアに侵攻、イスラーム勢力の支配下にある聖地エルサレムの占領を目指し、共同出兵者のフランス王フィリップ二世が短期間で撤退してしまった中、孤軍奮闘、勇名を轟かせます。彼はアルスーフとヤッファにおける会戦に勝利するなど、優れた軍事的才能を発揮して優勢に戦いを進め、エルサレム間近まで二度も迫りました。しかし、彼にはエルサレムを占領して維持し続けるだけの補給や戦力はないため、賢明にもエルサレム占領を断念して、ヨーロッパへと帰還することになります。なお、彼の勇将ぶりは、イスラーム圏の人々の心に強烈な印象を残したらしく、イスラーム圏では子供が泣き叫ぶとリチャード王がやって来ると言って叱りつけ黙らせるようになった、との伝承もあります。もっとも、リチャードが恐れられたのは、彼が勇将であったせいだけではなく、彼が苛烈な虐殺を行ったことも影響してるんじゃないかと思いますが……。この手の泣く子を黙らすのに名前を使われた人は、世界史上では洋の東西を問わずあちこちにいて、それは概ね見事な武勲を示した武将なんですけど、軍事的力量でなく残虐さの故に、こういう名前の使われ方した人もいないわけではないですしね。例えば、イタリアのルネサンス期に恐怖政治と残虐な大量処刑で恐れられたカテリーナ伯爵夫人とか。

で、紆余曲折を経てリチャードがイギリスに帰国すると、その頃、イギリスの勢力はフィリップ二世やフィリップに踊らされたリチャードの弟のジョンの陰謀によって非常に脅かされていたのですが、ここでリチャードはフィリップに対する戦いを始めます。そして彼は、フィリップを軍事的に圧倒するとともに外交的にはフィリップを包囲、ついには優位を保った状態で休戦までこぎ着けました。ところが彼はそれから間もなく、彼に反目した諸侯の領内に進入した際、矢傷を負って、それによって死亡しました。

このようにリチャードはヨーロッパ内外での奮闘と勝利により非常な勇名を轟かせていて、中世ヨーロッパを代表する勇将と言って良い人物なのですが、そんな彼も、プライベートではちょっぴりダメ人間。彼はキリスト教徒なのに、男色趣味だったのです。別に男色ぐらい世界史的に普通のことだし、本来自由であるべき個人の趣味嗜好を誹ったりすべきでもなく、だから普通の人が男色家でも別に罪だのダメ人間だの言う気はさらさらありません。ですが、キリスト教においては、男色に耽った頽廃都市ソドムとゴモラが怒った神によって焼き滅ぼされたとかいう神話があるくらいで、男色はタブー中のタブーなのです。なのに、キリスト教世界を代表して異教徒からの聖地奪取を目指す十字軍司令官が、こともあろうにキリスト教のタブー破りの先頭に立って男色家。しかもリチャードが男色の罪（キリスト教的に）を犯したのは、１１９０年のクリスマス直前のこと。まさに神の軍勢の司令官を務めている真っ最中に、しかも神の祭日を目前にして、神の定めたもうた禁忌を犯して男色行為。神の軍勢の名誉に泥塗りまくりです。ちなみにこの翌年には、彼は、神の代理人気取りなのか異教徒虐殺してますから、彼の精神はゴリゴリのキリスト教徒。それなのに、この所業。いったい、どれだけ男の尻が好きなんだ。ここまで行けば、さすがにダメ人間ですよ、好きの程度が尋常でないですから。ちなみに彼は、ここで男色の罪につき、大げさな態度で公に悔悛・贖罪して許しを得ていますが、五年後またもや男色行為に及んで、今度も大げさな悔悛・贖罪を叫んでいます。リチャード、おまえ、熱心なキリスト教徒なのは認めるけど、キリスト教より男の尻の方が好きだろう。それに、恥ずかしい自分の男色癖を悔悛して公にする恥辱の露出行為に、興奮を覚えるようになって、違反と悔悛繰り返してるとか？

「この公の悔悛をもって簡単にリチャードが同性愛者だと言い切れるのだろうか」（レジーヌ・ペルヌー『リチャード獅子心王』福本秀子訳、白水社、267頁）とか言う研究者の方もいますが、男を犯っちゃった男、すなわち男に反応してチンコおっ起てることのできる男を、どう解釈したところで、同性愛者でなくはならないでしょう？　同性を愛してない奴がどうやって男にイチモツ反応させられるというのか。同性と異性のどちらへの愛が強いかはともかく、同性を愛する者、もしくは同性も愛する者であることは揺るがぬ事実であって、リチャードは同性愛者だと言い切って良いと思います。しかも、あれだけ厳重なタブーや特にタブーに忠実たるべき社会的立場を無視して男を犯し、悔いて辞めたふりをしながらまたやってしまうんですから、相当重度の人だと言わざるを得ません。

というわけで、リチャード一世は社会的責任を無視して同性愛に耽ったダメ人間です。

キリスト教の聖人王はロリコン・マザコン変人王

ルイ九世

（1214〜1270）

中世フランスの王。優れた内政手腕を振るったほか、外交面ではヨーロッパの平和に貢献。熱心なキリスト教徒で聖人となる。

ルイ九世はカペー朝フランスの王。有能な人材多数を発掘・駆使し、高等法院や会計院を設置するなど行財政・司法制度を整備、反王権派の諸侯を押さえ込み、地方政治に目を配り、ソルボンヌ神学校（後のパリ大学）を設置するなど文化・学術の振興をも行って、フランスを大いに繁栄させました。また彼は、スペインのアラゴン王国との国境線を定めて紛争を終結させたり、イギリスとの長年の不和を収めるなど、平和主義外交を展開、ヨーロッパの平和に大いに貢献して「平和づくりの名人」と呼ばれています。そのため彼の威信は国際的にも非常に高く、他のヨーロッパ諸国が国内紛争の調停を彼に依頼してくるほどでした。

さらに彼は、倫理的に高潔で慈悲深く信仰心厚い人物で、模範的なキリスト教徒でもありました。

こんな彼は、死後、ローマ教皇庁によって聖人とされたため、聖王ルイの呼び名で知られています。

ヨーロッパ外との関係では、彼は聖地エルサレムをイスラーム勢力から奪い取ろうと十字軍（1248〜54）に乗り出して惨敗し、捕虜になるなんて失態を晒していて、しかも晩年、またもや十字軍（1270）を起こし、途上、エルサレム、エルサレムと狂信的なつぶやきを残して病死しています。この辺りはちょっと微妙な感じなんですが、とはいえ、ヨーロッパ内での実績は素晴らしく、彼が名君であったことは間違いありません。

ところが、こんな聖人君主も人の子で、彼と親交のあったジョワンヴィルの回想録に見える家庭人としての姿は、ある種平凡な問題に苦しむ、一人の小さな男でありました。彼が悩んだのは嫁姑戦争。そしてこの戦争の渦中の彼の姿は、かなり情けないダメ人間。

彼は二十歳の時、十三歳のマルグリット・ド・プロヴァンスと結婚しますが、彼が幼い妻に向ける熱情は彼の母ブランシュをいらだたせるほどで、ルイを巡る嫁姑の関係は険悪となります。後の聖人が、十三歳の幼い少女を溺愛したロリコンというのも、なかなか愉快なわけですが、今はそれより、嫁姑戦争の激しさです。なにせ、一方の姑ブランシュは、ルイの幼時に摂政として、国内貴族の反抗を鎮圧しイギリスの攻撃を巧みにかわした女傑であって、時には白衣白馬で颯爽と全軍の先頭に立つことさえあった人物。他方、嫁のマルグリットは後に夫の海外十字軍遠征に同行した際、陸上で十字軍が壊滅し夫が捕虜となるという危機の中、出産間近の身を抱えながら、十字軍の輸送に当たっていた商業国家ピサの海軍の撤退を阻止して交渉材料としての占領地の支配を確保、王の身柄の返還交渉を成功させたという女傑です。こんな性格の強い人たちが衝突するのだから、今フランス王家に血の雨が降る。

ブランシュ母君王妃のマルグリット王妃に対する頑なことは相当なもので、晩になってともに床に就かれる時以外、息子が奥方と一緒にいることにどうしても我慢がおできになれないほどであった。（ジャン・ド・ジョワ

ンヴィル『聖王ルイ　西欧十字軍とモンゴル帝国』伊藤敏樹訳、ちくま学芸文庫、255頁）

そして姑が死んだ時、嫁はジョワンヴィルとの間に

「お亡くなりになったのはあなた様がひときわ嫌っておいでのお方、それがそんなにお悲しみになるとは！」

すると王妃は、自分が泣いているのは亡くなられた方のためではなく、王が悲しみに打ちひしがれておいでのご様子……を思ってのことじゃ、とおっしゃった。（同254頁）

と問答を交わすほど。ここで、いがみ合う嫁姑間に立った聖人王の態度ですが、夫妻が、母の意向で、館の上下の階に引き離されて暮らしていた時のこと、

で、お二人は、上の階から下の階へおりるらせん階段で話しあって用を足すことになさり、また取りつぎ人は母君王妃が息子である王の部屋にお出ましになるのを目にしたら、杖で扉を叩くこととし、そうしたら王は急いで自室に戻って母君王妃を迎えるようになさった。（同255頁）

さらに、

ある時、王が奥方である王妃の脇においでのことがあった。王妃は、御子産褥の傷がもとで瀕死の状態にあった。するとブランシュ母君王妃がそこへおいでになり、自分の息子を手でつかんで「おいでなされ、ここにいてもなすことなどありませぬ」とおっしゃった。マルグリット王妃は母君が王を連れだそうとするのをごらんになり、「まあ、わたしが死んでいようが生きていようが我が君の姿を見せてはくださらないのでしょうね」とおっしゃった。それから王妃は気絶し、皆、息絶えてしまわれたと思った。（同256頁）

というわけで、ヘタレのルイは母の直接間接の圧迫の前に、愛する王妃との触れ合いもままならなかったのです。彼は性格的に弱くはなく、妻に気まぐれと評されていて、どうもそれは彼がわがままな亭主関白だったことを示しているのだとか。しかも彼は十字軍とか起こすほど無駄に気骨や血の気もある人です。ところが、そんな男が、いかに母が強い人とはいえ、母親相手には全く歯が立ちません。同時代人によると、彼は母親を過大に愛していたとのことで、おそらく、マザコンのあまり、母親相手にヘタレてしまったわけなんでしょう。一般論として、偉人は多くの場合母親の影響を強く受けており、母への深い愛情で知られる例が多いのですが、それでも、母の意向に阻まれて、死にかけている嫁に一目顔を見せてやることすらできないというルイの場合は、少々行き過ぎです。この場合、ルイを嫁から引き離す母の言い分に特別尊重すべき理は存在しないわけですしね。

以上、聖王ルイは、聖人のくせにロリコンでマザコンのダメ人間でした。

究極足フェチ変態紳士　～美女の足に乾杯～

楊維楨

（1296～1370）

元の時代を代表する詩人で、作風は奔放壮麗。官界での出世に背を向け詩作に耽溺、当時大発展した民間文学の頂点に立った。

楊維楨は中国の元の時代の詩人です。

楊維楨の時代、中国では、モンゴル人国家元の支配下で、中国人知識人の立身の道が狭められており、知識人は、昔ながらの役人としての栄達以外に、学才の活用の場を求めるようになっていました。また当時の南中国の経済発展は社会に豊かな富をもたらし、結果、裕福な商人が、あるいは裕福な商人に支援された人々が、活発な民間文芸活動を行うことが可能となっていました。そのため当時の南中国では、優れた学才の持ち主が多数民間に留まって、様々な文化・芸術の創造活動に精を出しており、従来役人を主な担い手として栄えていた詩の世界でも、多くの民間人が活躍することになります。その民間詩人達は、各地に詩の愛好者の集いである「詩社」を結成していましたが、楊維楨は多くの詩社から招かれて、詩作の批評や忠告、指導をして回り、どの詩社に対しても顔の効く大御所として、民間文壇の頂点で、大いに名声を博しました。

彼の詩は奔放壮麗、奇想に満ちた作風で独特の世界を作っており、彼の号の鉄崖から、その詩風は鉄崖体と呼ばれています。

で、こんな元代一級の詩人楊維楨ですが、詩人などやってることからも明らかでしょうが、すごく社会不適合な超ダメ人間。学者としても詩人としても一流の人物とされた彼は、その学才を活かすべく役人になったことがあるんですが、性格が非妥協的なせいで、官界での出世ができませんでした。で、官界に不遇をかこつうちに、元が衰退して戦乱・群雄割拠の世となり、そこで楊維楨は出世にも戦乱にも背を向けて、酒と詩の世界に引きこもるようになります。彼は、群雄の張士誠に招かれても応えませんでしたし、それどころか動乱を制した明帝国の建国者朱元璋、極度の文人嫌いでちょっとでも気にくわないとたちまち文人を殺害しまくる冷酷な殺人皇帝の招聘にすら応じませんでした。

とはいえ彼の見事なダメ人間ぶりは、真面目な人生に背を向け詩と酒に溺れたってだけでは語り尽くしたことにはなりません。彼は、道徳や常識を無視した奇行で有名な人物で、それゆえ多くの信奉者を集める一方、激しい社会的非難の的になっており、「文妖」などという怪しげな異名を奉られたりしているのです。

で、そんな彼の奇行を紹介しておくと、彼は足フェチを極めた男。そもそも中国人は、可愛らしい足を求めるあまり女の足を子供の頃から拘束して小さくする纏足なんて文化を生み出すくらい、異様な足フェチ民族なんですが、中国文学界の大御所楊維楨は、足フェチを極めた結果、酒席で遊女の靴を脱がし、それに酒をついで飲み、風紀の敵として社会的非難の対象となっているのです。最強の足フェチ民族中国人の中にあって、なおもドン引きされる究極の足フェチ男、ここにあり。

インドの肉好き大食い王　～寝室にまでお肉が一杯（性的な意味でなく食欲的な意味で）～

マフムード・ベガルハ

（在位1458～1511）

インド西北部に成立したグジャラート王国の支配者。王国の最盛期を築き上げ、同王国史上の最強の支配者と目されている。

マフムード・ベガルハは北西インド沿海部のグジャラート王国の最盛期の支配者。彼の時代に王国は群雄割拠していた当時のインドにおける最有力国の一つに成長。そのため彼はグジャラート王国史上における最強の支配者と目されています。とはいえ、この人物、日本人から見れば非常にローカルかつマイナーで、最強とか言われても実感の湧かないキャラ。ですので、少し具体的に彼の業績を見ていくと……。

まず内政面では、彼の統治期間は、貿易と商売が活性化した長い平和と繁栄の時代として知られています。彼は隊商や旅行者が休むための宿所を多数建設し、道路の安全を確保して、商人たちに大いに喜ばれたとか。さらに、彼は組織的な教育を受けたことは無いながら、大いに学者達との交流を楽しんだ人物で、彼の統治下、学問文化も大いに繁栄、多くのアラビア語作品の翻訳が行われるなどしています。

またマフムード・ベガルハは軍事的にもなかなか優れた人物でした。彼は「ベガルハ」の名で呼ばれていますが、これはギルナールとチャーンパネルという二つの強力な要塞を占領したことから付けられた名で、二つの要塞の「征服者」という意味だそうです。なお、軍事的には、彼の時代にはポルトガル艦隊がインド海域に侵入を開始、商船に危害を加えたりするようになっており、ここで、マフムード・ベガルハのグジャラート王国は、エジプトのマムルーク朝と組んでポルトガル人に対抗します。ところが、エジプト・グジャラート艦隊は、1509年のディウ沖の海戦で大敗を喫し、ポルトガル人を駆逐することはできませんでした。

以上が、マフムード・ベガルハの業績ですが、こんな偉大な彼は驚嘆すべき大食いで知られる人物。抑えの効かない食欲が、ダメ人間と呼ぶに相応しい、無茶苦茶な人物だったりします。別に精力的に活躍する王者が多少大食いでも、実に英雄に相応しい、と温かい目で見て聞き流してやれば良い所なんですが、しかし、何であれ、物には限度というものがあります。何せ、彼の食欲たるや、

マフムードはまた大食で有名であった。朝食に彼は一杯の蜂蜜と一杯のバターと一〇〇本から一五〇本のバナナ（プランティン）をとったという。彼は一日に一〇キロから一五キロもの食事をとり、夜、空腹を感じたときのために、まくらもとの両側に肉のパッティ（サモサ）の皿をおいておいたという。（サティーシュ・チャンドラ『中世インドの歴史』小名康之・長島弘訳、山川出版社）

量についてもとやかく言いたいところですが、そんなことより今は枕元。普通、枕元に置くとしても水か何かですよね。それが、枕元に食べ物、しかも、肉。枕元に漂う肉の匂いが、とっても爽やかだ。何ともステキな寝床ですね。それ、せめてフルーツ少量とかにできないものですか？　その上、それを両側にってのは、いくらなんでもねえ……。ということで、食い意地張りすぎて、聞くだけで胸焼けしそうなダメ人間さんでした。

ウンコしようと便所の中で肛門を開きつつ悟りを開いた男、ウンコの譬えをちりばめた御下品トークで宗教論争

ルター（1483〜1546）

ドイツの宗教改革者。教会より個人の信仰を重視し宗教改革運動を開始。またその独訳聖書は現代ドイツ語の基礎となった。

西欧の宗教改革において大きな役割を果たした人物といえばルターではないかと思います。ルターはカトリックの聖職者でしたが、1517年にローマ教皇による免罪符販売に反対して九五ヶ条の提題を発表しました。信仰のみによって義とされること・教会ではなく聖書のみが規範であること・信仰者はすべて神の前に等しく祭司であることといったその神学思想は、プロテスタント諸教会の原理として西洋の宗教史・文化史にわたって大きな足跡を残しました。また、当時はラテン語のみで記されていた聖書のドイツ語訳を行って内容の普及に励みました。その際に堅苦しい表現は避けて民衆にもわかりやすい言葉を用いており、近代ドイツ語の模範とされるに至りました。折から発達していた活版印刷技術の助けもあって驚異的な普及を示しており、民衆教化に大きな役割を果たしています。ルター訳聖書に由来する諺や慣用句が多々見られる事実からも、その浸透ぶりを計り知る事ができます。そんな彼にも、何だかなあと言いたくなるダメな逸話が残っています。

宗教者が飲酒の害を論じるのは珍しくないというかむしろ当然なんですが、彼の場合は少し変わっていて「私は神がビール醸造所を滅ぼされることをただひたすら祈ってきた。最初にビールを醸造した人間を何度呪った

事か」と過激な発言を数時間にわたって行いながら、その間にビールを何杯も飲み干していたそうです。素晴らしい説得力ですね。その言行不一致を非難されると、「二十年もカトリックの修道士をやって神を裏切ってきた事すら神はお許しになったのだから、神の健康を祝してビールを引っかける事くらいは許してくださるだろうに」と言い訳したとか。……だったら、ビール醸造所の罪も許してやってくださいよ。これじゃ酔っ払いがクダを巻いてるのと変わりません。

あと、口が悪く言語表現も下ネタ好みだったようです。宗教改革の根本に関する着想に「個人の信仰がローマ教皇の教義より大事である」というものがありますが、ルターはこれを塔の厠に座っていた時に精霊によって霊感としてもたらされたと公言してます。だとすると、宗教改革は便所から始まったと言う事になり、何だかアレな気分になりますね。また、ルターは悪魔に「パンツに糞して、衿首から垂らすがよい」とか「悪魔の顔は肛門のようだ」とか「顔面に糞してやる」、「顔をルターの肛門に突っ込んでやる」といった悪態をついていたそうです。何しろ「引用できないほど数多くの言辞が示しているように、悪魔撃退にルターが最も頻繁に使った語は、ありふれたドイツ語動詞 bescheissen（糞をひっかける）である」（アラン・ダンデス『鳥屋の梯子と人生はそも短くて糞まみれ――ドイツ民衆文化再考』新井皓士訳、平凡社、92頁）なんて評されたりしている位ですから、相当なものですね。更に「卓上談話」では「私は機熟した糞のようなものだ、そして世界は巨大な糞壷だ。我々はそれぞれ間もなく糞を放つことになるだろう」（同93頁）と臆面もなく述べています。

要は、事ある度に彼はウンコウンコと口走ってた訳ですね。これに関しては論争相手であるトマス・モアも相当に立腹したらしく、彼への反論で「英国王に代わって他の者が、尊師の糞だらけの口、まさしくすべての糞の糞溜に、その忌まわしい腐敗が吐き出した糞や汚物全てを投げ返し、厠や東司に溜ったもの一切を、聖職者の冠の尊厳を捨てた貴殿のおつむに、ぶちまけることも許されましょう」（同94頁）と負けず劣らずのお下品な発言をするに至っています。もっとも、モアの方はルターよりこの手の羞恥心が強かったようで「かの破落戸の不潔極まりない言葉が、私をしてかかる解答を余儀なくせしめた」（同94頁）と言い訳しています。どう考えても聖職者や上流階級には相応しくない物言いですものね。しかし一方でルターは平然たるものでした。

ルターは聖書の教えを聖職者から一般人に広めた一方で、おそらく一般人の間でなされていたであろう下品な物言いを聖職者の世界に持ち込んだ訳ですね。しかも悪口に用いるだけでなく自らの宗教的着想を回想する際や人々に説教する際にも用いていたわけですから、とどのつまりは個人的にウンコ好きだったんでしょう。ルターは妻子もちでしたが、妻相手に「クソまみれでやりまくるのもいいかもしれないしな！」なんてやってないか心配になってくるレベルです。上述のビール云々も含めて、彼の話を聞いている支持者たちはどんな思いだったんでしょうね。「さすがルター！　おれたちにできない事を平然とやってのけるッそこにシビれる！　あこがれるゥ！」とか思ってたんでしょうか？　こうして西洋の宗教改革はくそみそに始まったのでした。全くもう。

しかし驚くべき事に、実はウンコへの拘りに関してはルターの専売特許ではなかったのです。詳細はモーツァルトの項を御覧ください。

あらゆる外敵に打ち勝った勇将も、内では異常な恐妻家、妻が恐くて逆らえず仕方ないから部下に八つ当たり

戚継光

（1528～87）

中国の明の時代の名将。南方の海賊および北方の遊牧民族という、明王朝の脅威をよく制圧した。優れた兵法書の著者でもある。

中国の明帝国に、戚継光という男がいます。彼は、決断力に富む迅速果敢な武将で、軍規厳正に兵士を良く統率、しかも博識で歴史に通じていました。戚継光は1555年から海賊に悩む南方に勤務し、その地で精鋭軍を作って海賊相手に連戦連勝、その軍は彼の名を取って戚家軍と讃えられました。1563年に海賊が勢力結集した際には、彼は地方軍副将として、勲功第一の活躍を見せ、結果、主将に昇進して地方軍を総轄するようになりました。翌年には、彼は、再結集して一万余になった海賊を、攻撃につぐ攻撃で徹底的に叩き潰します。

さらに戚継光は、遊牧民の侵攻に悩む北方においても活躍。1567年、彼は、多くの将が防衛に失敗し十七年で十人も将が入れ替わった北方の激戦地、薊の防衛へと転出し、そこでも軍を精鋭に鍛え上げ、以後十六年間その地を平穏に守り抜きました。

ところが、戚継光の偉大さは強さのみではありません。

まず彼は、偉大な戦闘法の革新者でした。彼は北方に赴任するや、車両や防柵を組み合わせて防御壁を築き、その中で身を守りつつ銃や砲を発射する、車営という戦法を開発しました。ここで世界に目を転じると、諸文

明において、彼と同様、土塁・壕・車両・防柵等の防御壁と火器を組み合わせて、火器の活用を戦闘組織発達の歴史の本流の中に確立する人物が、必ず登場するのを見ることが出来ます。そして、それらの人物との戦いは、それぞれ歴史上に絶大な名声・存在感を誇っています。例えば西洋では1503年ゴンサロ・デ・コルドバによるチェリニョーラの戦い、インドでは1526年バーブルによるパーニーパットの戦い、日本では1575年織田信長による長篠の戦い。そして戚継光の新戦法は、中国史においてそれらと等しい意義を持つ、歴史的偉業ということになるのです。

しかも、彼の創造的業績はまだ他にも存在し、彼は『紀效新書』『練兵実紀』といった優れた兵法書の著者でもあるのです。そして『紀效新書』は、日本人も軍事・練兵の教科書として研究、江戸時代随一の軍事学者の荻生徂徠まで、その影響を大きく受けているのです。

というわけで、中国を越えて東アジアの名将とでも呼ぶべき偉人戚継光なんですが、その一方で彼は結構なダメ人間。外に向かってあらゆる敵を圧倒する巨人が、家庭内では超小物。

彼の家庭については、以下の情けなエピソードが存在しています。

彼は、戦場で、軍法により自分の息子を斬ったことがありましたが、これを聞いて彼の妻は、大いに恨みます。彼は、この時、どうにか妻の許しを得て妾を置いて家を絶やすまいと考えたのですが、怒れる妻の前に、話は進められず、秘かに妾を囲って子供を得ることになりました。ところがこれが妻にばれ、妻が妾と子供を処分すると言って、超ピンチ。戚継光は妻に乞うてどうにか一日の猶予をもらい、あわてて自分の部下である妻の弟に命じます。

「母子とも無事なのを上策、母を出して子を内に入れるのが次作、もしわが子を殺すことがあれば、われは兵士をひきいてなぐりこみ、まずなんじの姉を、次になんじを、つぎになんじの一族をみな殺しにし、その後われは官爵をすてて逃げる。表門のところで太鼓で合図するから、はやく姉に頼め」（三田村泰助『宦官　側近政治の構造』中公新書、62頁）

こうして太鼓の鳴る中、義弟は泣いてわめいて姉に頼み、子供は引き取り、妾はボコ殴りにして追放という形で、決着にこぎ着けます。そして数年後、妻が死に、重石の取れた戚継光と妾との仲は元通りになったとか。

「世間ではさすがに戚将軍であると、その兵法のあざやかさを賞賛したという。このようにして彼は家を絶やさなかったばかりでなく、彼が戦功によって賜わった世襲職をあわせて子につたえることができた。」（同書、同頁）。

……ちょっとまて、その世間の評価はなんかおかしい。上下策だ太鼓の合図だと、作戦っぽい物言いしてるけど、単に厄介事を、部下で義弟で二重に目下な逆らい得ない人間に、策はないけど解決してこいってキチガイじみた脅しで押しつけただけですし。だいたい、兵法鮮やかなら、妾と子供を上手く逃がしてあげようよ。将軍なら妻の非道に勇気を持って抵抗しようよ。なのにこれでは、どう見ても、妻が恐くてビビリ入って、パニックのあまり弱者に当たり散らしただけです。ここまで恐妻家で小物だと、相当カッコ悪いダメ人間ですよ。

乱世に平和と繁栄をもたらす大王は、ニンニク料理が活力源　～でもその口臭だけは勘弁な～

アンリ四世（1553～1610）

フランス国王。国内の宗教戦争を終結させ、民政に力を注ぐと共に中央集権の確立に貢献した。

アンリ四世は、フランスのブルボン朝を創立した国王です。フランスで新教・旧教間の戦い（ユグノー戦争）が数十年にわたって続いた時代に、アンリは新教軍の指導者として歴史の表舞台に現れました。戦争の最中にフランス王位を継承していたヴァロア朝が断絶したため、王家の遠縁であったアンリはフランス王位に就きます。そして国王は旧教徒でなければならないという『ザリカ法典』の規定に従って旧教に改宗し多数派の支持を獲得。それと共に『ナントの勅令』で新教も公認する事によって、長らく続いた国内の宗教対立に一応の終止符を打つ事に成功し平和を回復しています。彼自身、新教・旧教の争いの中で何度となく苦汁を飲んできた事が宗教的寛容へと繋がったのでしょう。何しろ、自分の結婚式が新教徒の歴史的大虐殺（「サン・バルテルミーの虐殺」）に利用されたという悲惨な経歴を持ってますからね。また、アンリは内政面でもシュリを始めとする人材を登用して財政再建に励み、官僚制度を整えて孫のルイ十四世に代表される強力な王権の基礎を築きました。対外的にも、平和路線を基本としながらも宿敵ハプスブルク家が王位を持つスペインの孤立化を図ってフランスの安全確保に心を配りました。それだけでなく、アルドゥワン・ド・ベシフィクス『アンリ大王の歴史』

によれば彼は「わが王国にあっては、いかに貧しい農民であっても、日曜日ごとに雄鶏のポトフを食べられるようであってほしい」（ロミ『悪食大全』作品社、75頁）と述べたと伝えられ、庶民生活が向上するよう民政に意を注いだ名君として後世まで知られています。

このように君主としてアンリ四世は間違いなく偉人と呼べるのですが、そんな彼にもダメな一面がありました。彼は食べる事に関してちょっと節度がなかったのです。まず、戦場でもどこでも大食い早食いであったため、しばしば体調を崩して消化不良となって儀式が中止になったり、政務に支障を来したりといった事態を招くに至っています。更に彼は尋常でなくニンニクを好み、例えばオムレツやタルティーヌにもしばしば入れさせていました。その中でニンニクと玉葱のパテを特に好んだとか。で、その結果として息が臭くなり臣下や愛妾を閉口させたそうです。やれやれ。そんな体たらくでしたから、タルマン・デ・レオー『小伝集』によれば愛人の一人が「陛下は王様でいらしてほんとうにようございましたこと。もしそうでなければとても我慢できませんわ。まるで腐った肉みたいな臭いがするんですもの。」（同73〜74頁）と愚痴をこぼしたといわれています。王権のおこぼれ欲しさに愛人していると公言するも同然なこの発言も、これはこれで問題な気はしますけどね。

まあ、王様ですから食事に関して趣味に走るのはごく普通の事でしょうし、好き嫌いは人の勝手ですから別に何を食べてもよいんですが、そのせいで政治的に実害が出ているとなると話は変わってきます。食べるペースを崩してお腹を壊し政務を滞らせたり、好物に拘って悪臭で周囲を辟易させたりといったレベルになると明らかに度を過ごしており、ダメ人間呼ばわりされても致し方ないんじゃないかと。というか、ニンニクを食べれば臭くなる事くらいちょっと考えれば分かるはずなのに、好物とはいえなぜそこまでニンニクに執着するのやら。アンリは好色なことでも知られ、恋多そうなフランスでわざわざ「ベール・ガラン」（色好みの王）なんてあだ名が付けられていた位ですから、ひょっとして精力増強でも狙ってたんでしょうか？　それでも愛人に嫌われては本末転倒な気もします。

ところで、ブルボン朝の王様達は体質的に臭いが強かったようで、例えばアンリの子ルイ十三世は自身のワキガを父から受け継いだものだと誇らしげに嘯いていたそうです。……そんなもの誇らないでください。また孫に当るルイ十四世も口臭が酷く、愛人モンテスパン夫人はしばしばその事で文句を言っていたとか。当時のフランスは身体を洗う習慣がなく体臭の強い人が多かったと思われますが、王たちはその中で目立って周囲を辟易させていたのだから余程だったんでしょうね。……ただでさえそういった体臭に悩まされる家系なんですから、ある程度は仕方ないにしても、自己責任で何とかできる分は何とかすべきだったんじゃないかと思います。例えば、ニンニクを人前に出るときだけでもほんの少し控えれば、それだけでかなり違ってきますよ、王様。そもそも、なんで悪臭の家系にわざわざ臭いの源を付け加えるのやら。因みにルイ十五世の時代になると、入浴の習慣が徐々に広がっていったせいかその手の話は従来ほどは出なくなったようです。食い意地が張っていたのはルイ十六世や十八世の時代になっても相変わらずだったみたいですけどね。

怠惰を極めて臣下に食事を口まで運んで貰った王様　～酒と薬でラリってしまって食事するのもめんどくさい～

ジャハーンギール

（1569～1627）

インドのムガル帝国の皇帝。先帝アクバルの代から続く軍事紛争を解決し、帝国の支配を固めた。文人としても才能を発揮した。

ジャハーンギールは、インドのムガル帝国第四代皇帝。インドにとって外来の侵入者であったイスラム国家ムガル帝国は、ようやく第三代アクバル大帝の時にその勢力の基礎を固め、インドへの定着に成功したのですが、ジャハーンギールはアクバルの事業を引き継ぎ、帝国の安定とさらなる発展を達成した英主です。

彼は、イスラーム進入勢力と現地勢力の融和のために先帝が採用した宗教寛容政策を受け継いだほか、先帝の時代より続く諸事業を完成させていきます。彼の統治下でムガル帝国は、アクバル時代以来の長きにわたるインド北西部や中部、北東部における紛争に決着をつけることに成功し、その際、制圧地には現地領主層を厚遇する寛大な統治を行って民心を落ち着け、軍事的な成果を定着永続化させているのです。すなわち彼は、偉大な父の後を受けながら偉大な父の影に押し潰されることなく十全に優れた才幹を発揮して、父の事業を無駄にすることなく、父の事業のもたらした成果に奢ることなく、大帝国の継承者として堅実によくその役割を果たしたのです。

それどころか彼はある一面では父をしのぐ人材でもありました。アクバルは優れた知性の持ち主ながらも無学文盲でしたが、これと異なりジャハーンギールは、芸術的な天分にも恵まれていました。文学や絵画、自然を愛するとともに、ユーモア感覚に優れた彼の豊かな芸術的感性は、彼の書き残した回想録の中に示されています。ムガル帝国創始者のバーブルが、傑出した軍人政治家であるとともに、文学史上に傑作と讃えられる見事な回想録を残した優れた文人であったことを思えば、実務と学芸の才を兼ねるジャハーンギールは、二重の意味で帝国の素晴らしい後継者であったと言うことができるでしょう。

でまあ、以上のように、ジャハーンギールは、多方面に豊かな才能を発揮した大変華やかな王様なんですが、しかし人間良い点ばかりではありません。彼は別の側面では、割と人間として救いようもなく終わってたりもするのです。ジャハーンギールの私生活については、彼と親しいイギリス人船長ホーキンズという男が記録を残しているのですが、それによると彼は夜明以降、臣民に姿を示したり、軽く睡眠とったり、婦人部屋を訪れたり、食事にしたり、謁見したり、娯楽見物したり、裁判したり、まあまあこの辺りまでは、普通に良くも悪くも王様然とした適度に快楽的で適度に仕事な生活を展開します。ところが、夜になってくると、彼の非常にダメ人間な生活態度が立ち上がってきます。すなわち、

……。彼はまた祈りをし、四品または五品の肉をとったが、このなかからわずかに胃をなぐさめる程度にとり、強い酒を一口に飲んだ。その後、彼は私室にはいる。この室には彼が命ずるもの以外のものは来ない。この場所で彼は他の五杯を傾けたが、これは侍医が彼にあてがう分量であった。これがすむと彼はアヘンをとり、而して酒が高潮に達したとき、眠りにはいり、そしてだれもかれもが自宅に帰るのである。そして、彼が二時

間休んだ後、彼の目をさまし、夜食を彼にささげるのであるが、このころ、彼は自ら食をとることができない。他のものが彼の口中に食物を押し込む。そしてこのころが夜中の一時で、彼は夜の残りの部分を眠るのである。
（石田保昭『ムガル帝国とアクバル大帝』清水新書、１４０〜１４１頁）

ぐにゃぐにゃにラリってしまうまで酒とおクスリがんがん摂って、自分で食事できないから他人に口まで食べ物つっこんでもらうって、なんという怠惰なだらけっぷり、皇帝の威厳が一欠片も無い……。おクスリに関する倫理は現代日本とだいぶ異なるでしょうから、薬を使ったこと自体は飲酒と同レベルの悪徳と見なして不問としますが、合法的な酩酊だとしてもこれはみっともなさの度が過ぎます。そういえば、上でこんな有様に他人に世話焼かれてるとなると、下の方は何だか恐ろしいことになってそうですね。怠惰を極めて、皇帝の威厳どころか、人間として最低限の尊厳とか羞恥心まで平然と放り投げてそうですよ。そんな醜態晒すくらいなら、酒もおクスリも使わないで下さい。酒は飲んでも飲まれるなって言うじゃないですか。だいたいイスラームは酒禁止でしょうに。というわけで、ジャハーンギールの怠惰を極めた飲んだくれダメ人間ぶりは、最凶最悪の救いようのないレベル。そのうち怠惰を極めて、呼吸するのもめんどくさいとか言い出すんじゃないでしょうか。もう、いっそのこと人間やめませんか？

美しいものをこよなく愛する芸術家肌の皇帝陛下　たとえそれが自分の娘であっても

シャー・ジャハーン

（1592〜1666）

インドのムガル帝国の皇帝。優れた手腕で帝国の黄金期を築く。タージ・マハルなど芸術的な建築物を残したことでも知られる。

シャー・ジャハーンは英主揃いで知られるインドのムガル帝国の第五代皇帝。英明な皇帝が続いて次第に拡大強化を続けてきたムガル帝国を受け継ぎ、巨大な同帝国を三十年もの長きに渡って堅固に統治、さらに一層発展を加えた偉大な君主です。

彼は、優れた行政手腕を誇ったのは当然のこと、戦闘における勇敢さでも知られ、彼の武将としての抜群の才能は、若くして父から何度も軍事作戦の指揮を任せられ、多くの勝利を重ねたほどでした。このシャー・ジャハーンの下で、ムガル帝国の内政は整備が進みましたし、シャー・ジャハーン自ら指揮をとった軍事作戦によって、南方のデカン高原における帝国の勢力は大いに増大することとなりました。そうして国力と国威を向上させたムガル帝国は、シャー・ジャハーンの治世において黄金時代を迎えたとされています。その豊かさは、比類無き壮麗さで高名なタージ・マハルに代表される当時の洗練された大建築物の数々によって、見事に今に伝えられています。

なお彼は、芸術的感覚に優れた才人を続出したムガル帝国皇帝に相応しく、優雅で、文学、絵画、建築と言った豊かな趣味教養をも誇っていました。中でも、彼の建築への熱意・才能は特筆されるべきもので、彼の熱意と才能溢れる指導によって誕生した見事な建築物はいくつも存在し、とりわけ先に述べたタージ・マハルが高名です。これは熱愛する后ムムターズ・マハルの死後、シャー・ジャハーンが彼女のために建築した廟なのですが、その建物の成立の契機からして、彼の熱情溢れる詩的な美的才能が現れていると言えるでしょう。ちなみにこのタージ・マハル、その大理石作りの夢幻的な姿があまりに美し過ぎるため、イギリス人はこれを「ドリーム・オブ・マーブル」とまで呼んだとか。また、作り話かもしれませんが、さるアラブ人の金持ちが妻とともにタージ・マハルを訪ねた際に、妻が夫に「もし私のためにこんなに美しい墓を建ててくださるのなら、明日死んでもかまいません」（『週刊朝日百科　世界の歴史78　17世紀の世界1　人物』C−502頁）と言ったとの伝説さえあります。

ところで、このように多方面に才能溢れる、偉大な君主シャー・ジャハーンは、才能溢れるのは大変結構なのですが、才能が有り余ってダメ人間になってしまってるって側面も多分にある人物でした。彼は、何というか美的感覚に溢れすぎているんですよ。実は、彼、美しき王妃ムムターズ・マハルを寵愛し過ぎてし過ぎて、余りに度を超して、ムムターズがいかに健康に優れないときであろうとも、厳しい遠征であろうとも、彼女のことを常に連れ回していたとか。そしてムムターズは、十四度目の出産の際に三九歳で死亡したとか。子供の数だけなら昔の人のこと、例えばオーストリアの女帝マリア・テレジアなんかも、統治に精励する一方で十六人の子供の母だったそうですし、問題視するようなことでもないと思うんですが、しかしひっきりなしに妊娠している后を、始終遠征に連れ回し、宮廷より戦陣で生まれた子供の方が多いと言うのは、いくらなんでも無茶ではないでしょうか。どう考えても衰弱死だろう、それ。溢れかえる美的感覚が常軌を逸した愛を生み、悲劇的なオチをつけてくれたわけで、どうにも困ったお人であります。しかし、それだけ寵愛されてるなら、后の方も寵愛を巧く利用して、同行を拒否するくらい出来そうなものではありますが、二人とも愛に生きすぎじゃないですか？

ところで、シャー・ジャハーンの溢れかえる美的感覚の暴走はこんなもんじゃ留まらないんですよ。彼の美的情熱はそのはけ口を他にも見出した。その対象について、ムガル帝国を訪れその宮廷について見聞きしたフランス人旅行者はベルニエは記します。

娘たちについて言えば、ベーガム・サーヒブは大変美しく、才気に富み、父親はこの娘を夢中でかわいがった。その愛情は、考えにくい所まで進んでいたという噂があるほどで、シャー・ジャハーンは、お抱えのムッラー、つまり法律の博士たちの裁定によれば、男は、自分で植えた木の実なら、食べても差支えないことになっている、と言って弁解したそうだ。（ベルニエ『ムガル帝国誌（一）』関美奈子訳、岩波文庫、31頁）

そう、その対象とは、娘。娘までか。美しければ何でも良いのか。しかも、自分で植えた木の実なら云々て、なんという言い種。ああもう、こいつ美的な天才が溢れすぎて、変態の域に入ってるよ、このダメ人間、ダメ人間、ダメ人間。ということで、ムガル皇帝シャー・ジャハーン陛下は、美的感覚が豊かすぎて娘の美しさにまで興奮してしまう変態芸術家です。

人形こそは我が娘 〜等身大フィギュアを甲斐甲斐しく世話する変態学者〜

デカルト

（1596〜1650）

フランス出身の哲学者で、合理的思考を徹底追求して近世合理主義哲学の祖となった。数学史上にも大きな業績を残す。

近世合理主義哲学の祖であり数学史上にも大きな業績を残したフランス生まれの哲学者デカルトは、等身大の幼女フィギュアを、まるでそれが生きているかのように話しかけたり大事に世話しながら、肌身離さず連れ歩いた変態オヤジでした。

彼は晩年、スウェーデンを治めるクリスティーナ女王に招聘された際にも、その幼女フィギュアを連れて行ったのですが、船旅の途上激しい嵐に見舞われた際、船長がデカルトの船室を探ってその薄気味悪い人形を発見、これを海に捨てると嵐が止んだとか言われています。どうにもオカルトくさい内容で、大方の評価としては当然信憑性の薄いただの伝説扱いらしいんですけどね。

でもまあ「16世紀末から17世紀初頭にかけて南ドイツ一帯に猖獗した自働人形熱に、当時フランクフルトからウルムにかけて移動していたデカルトが接触していなかったわけはない」（種村季弘『怪物の解剖学』河出文庫、112〜113頁）とのことで、デカルトが人形の一つや二つ持ち歩いていたとしても、別に不思議でもなんでもないようではあります。

とはいえ、この幼女人形熱愛ダメ人間伝説を仮に事実としても、その背景に思いを致すと、ちょっと同情の余地がないでもありません。ついでなんで、その辺りについてもちょっと説明しておこうと思います。実はこの人形の名前はフランシーヌというのですが、フランシーヌといえば壮年期のデカルトがメイドのヘレナに手出しして生まれた娘の名前。彼はこの娘を常に手元に置いて溺愛していたのですが、娘は幼くして死んでしまい、デカルトはそのことを人生最大の悲しみと嘆くことになります。そして、人が今は無き娘への愛情余ってその似姿を携帯していたところで可笑しくも何ともないわけで、その似姿が等身大フィギュアであることや、それが生きているかのように話しかけたり世話してることは、さすがにちょっとキモいにせよ、一応デカルトの変態行動には弁護の余地があるんです。

というわけで、深く話に突っ込むと、微妙にダメ人間ぽくなくなっちゃったデカルト先生ですが、その生涯を見渡すと大変雄々しく、ますますダメ人間ぽくなくなります。彼は、病弱だった少年時代のせいで朝寝の習慣を身につけており、それがほとんど生涯続いたのですが、そんな彼もそれでヘタレた人物に育つこともなく、妙にたくましい人間に成長しています。

成人した彼は官吏となることを望む家族の期待を蹴り飛ばし、1618年にオランダで志願兵となり、訓練を経て翌年には血気に駆られて三十年戦争の勃発したドイツに渡り、バイエルン公の軍隊に参加したそうです。ちなみにドイツへの途上、追い剥ぎに襲われながら、抜剣して脅しつけ追い剥ぎを屈服させたとか。

その後、彼は長らくヨーロッパ各地に遊学することになりますが、その過程の1625年頃には、美しい婦人とつきあいをもって求愛し（彼女はデカルトが求愛したのは自分だけであると常に誇っていたらしい）、その婦人を巡って街道上で恋敵に襲撃されたところ、敵の剣を奪い取って撃退するといった、さらなる武闘派な逸話を重ねています。しかもその頃には自らの戦闘経験を活かして『剣術』なる著作を残しています。

　そして思索と著作に専念するための1628年から約二十年にわたってのオランダ隠棲では、既に述べたように、メイドに手出しして娘をつくり、その娘を手元に置いて溺愛しています。ちなみにこれは、身分道徳の厳しい当時としては、顰蹙もの。例えば、デカルトの友人のソメーズという人は1640年4月の手紙の中でこの事件について語っています。ソメーズはとある手紙を受け取ったがそれは「例のデカルト氏が彼の女中に子供を産ませたと自分に知らせてきた」、その手紙の主が情報を得たのは「彼の下男その人から。この下男はこの子供と母親のことでひんぱん過ぎるくらい町に行かされることで愚痴をこぼしていたそうである」等々。そしてソメーズはデカルトの所業について「人目を恥じること」と評しています（手紙の語句の引用は、アダン『デカルトと女性たち』石井忠厚訳、未来社、99〜101頁）。

　なんか、闘いに女にと、颯爽と好き放題なオレ様な生き様を晒してくれやがりますね。結局、この人物の場合、家族の期待する官吏の道を平然と無視して、冒険とか戦場とか自分探し臭い旅路を歩んだ果てに、哲学者とかいう訳の分からんゴールに辿り着いた点が最大のダメ人間ポイントのような気がしないでもないです。その頭の良さは、世の中のためにもっと良い使い道があったでしょうし、強さとか逞しさは哲学者に収まる器ではないでしょう。なのに、なんで哲学者なんかになったんだ。

誰よりも男らしい戦士たちの女らしい私生活を見よ　～ブルボン朝フランスが生んだ男の娘戦士たち～

デオン（1728～1810）　王弟フィリップ（1640～1701）
オイゲン公子（1663～1736）

ブルボン朝フランス出身の人物。デオンは諜報員・武官、フィリップは将軍として活躍。オイゲンは当時の最高の名将の一人。

ブルボン朝フランスのルイ十五世時代に騎士デオンという人物がいます。無敵の剣士にして優れた文筆家であった彼は、美貌も相俟って、宮廷の信任を獲得、諜報員として対ロシア対イギリス外交の裏面で活躍することになります。また、彼には武勇を活かした働きもあり、七年戦争後期の戦場で騎兵連隊長として次々に武勲を挙げています。

ところで、この才長けた剣士さま、実は、女装が趣味のダメ人間です。

最初は仕事でやらされた女装でした。１７５５年、反仏派のロシア宰相の目をすり抜けて、ロシア女帝に直接接触するため、彼は女装させられ、イングランド毛皮商人の姪リア・ド・ボーモン嬢という名で派遣されたのです。ところが、仕事で女装の世界に足を踏み入れたこの男、やがて１７７２年に自ら率先して女を称し始めるのです。

これについて、彼の伝記作者のピエール・パンソーは動機として虚栄心を推測してます。この頃、デオンはすっかり落ちぶれていたのですが、「もう数年もすればデオンは忘れられてしまうだろう。この想像力にあふれた人間にとって、忘れられることは悪夢の中の最たるものだった！」だが彼が「じつは〈か弱い一人の女性〉に過ぎなかったことを知ったならば、この韜晦趣味の人間本人に対する人気は、一躍どんなに蘇ることか。」（窪田般彌『女装の剣士　シュヴァリエ・デオンの生涯』白水社、107～108頁）。

しかし、世界の歴史を通じて、男性が女扱いを甘受することは社会的不名誉であり、女を名乗って目立ったところで普通は虚栄心の満たしようがないのです。ところが、彼はそんな方向性で虚栄心が満たせる男。つまり、彼は、女として見られることに愉悦を感じる女装趣味のダメ人間だったと考えて良いのです。

だからでしょうか、後世、デオン＝D'Eonというこの男の名から服装倒錯を指す「エオニスム（eonism）」という語が造られることになります。

ですが、デオンをブルボン朝フランスの女装者の代表みたいに言うことは、ちょっと待って欲しいのです。実は、ブルボン朝フランスにはもっと偉大で地位も高い女装のダメ人間が、存在したのです。

その人物は、オルレアン公フィリップ。近世フランスの絶頂期に君臨して強大な国力で周辺諸国を圧倒し、太陽王と呼ばれたルイ十四世の時代の、王弟殿下（ムッシュー）です。

彼は、ルイによって政治的影響力を行使することこそ阻まれていましたが、軍事面では勇敢な戦士、巧妙な将軍として、なかなかの能力を発揮しています。

彼はルイ太陽王の初期の軍事作戦、フランドル戦争（1667～1668）およびオランダ戦争（1672～

1678）で活躍し、とりわけ後者では、カッセルにおいて優れた軍人であるオランダ軍司令官オラニエ公ウィレムと激突、指揮下にあった名将リュクサンブールの活躍もあってこれを一蹴し、剛毅かつ平静な態度で突撃を敢行して世間の高い評価を受けることになります。

ルイ十四世の時代と言えば内外の名将が技量を競い合った時代で、フランス内に限ってもテュレンヌ、大コンデ、リュクサンブール、カティナ、ヴィラール、ヴォーバンと高名な将帥が数多おり、それと比べればフィリップの存在など取るに足らないものに過ぎません。とはいえ、それでも彼の活躍は、兄ルイの嫉妬と警戒を呼び起こすに十分な見事なもので、ルイはその頃近くに滞在していながら、弟と顔を合わせても勝ち戦の話をすることは一切無く、当該戦場を見に行くこともなかったそうです。そして明敏なフィリップの従者は、この時点で、以後フィリップが軍の指揮を任されることは二度と無いだろうと予言しましたが、事実その通りとなりました。

そして、活躍のスケール、地位の高さから言って、この王弟フィリップこそフランスを代表する女装者。彼の普段の姿は、戦場での勇将ぶりとは全く異なって、女々しい文弱で鳴らす人物で、女装して宮廷を練り歩くこともしばしばな、かなり素敵なダメ人間だったそうなのです。ちなみに、彼がそんな人間に育ったのは、王弟が政治的な危険人物となることを恐れた宰相マザランが、フィリップを、化粧やリボンに趣味が向くよう教育して骨抜きにしたためらしいんですが、そんな教育に適応するのは彼がダメ人間なればこそ。それで、こんなダメ人間の彼は、宮廷の人士からは表向きは尊重されつつ密かに軽蔑されていたとかいう話です。その上、彼は男色関係に耽っていました。まあ、この辺りの時代の偉い人たちの間では割と男色が流行ってたらしいですし、歴史上に男色家の勇士は幾らでもいますから、これは大したことでもないんですが、しかし女装癖と男色家を兼ねていると、彼が上か下かって問題が少しばかり気になります。手元の本では分からないのですが、やっぱり下でしょうか？　でもフィリップはサディストだったらしいので、上かもしれません。ひょっとしたら両方？

それはさておき男色に耽ったせいで、彼は妻と隙間を生じたりもしていました。おかげで、1670年に妻が病死した際には、フィリップが毒殺したのではないかと不当に世間から疑いを受けることになったとか。

ちなみに妻との間に娘が二人、後妻との間に息子が一人生まれていますから、男以外もいける口だったようです。余談ながら、娘二人はスペイン王およびサルディニア王の王妃、息子はルイ十五世の摂政となっています。

なお、軽侮されていた女装癖のダメ人間が戦場では豹変、勇将として目覚ましく突撃する姿は、文弱と勇気が矛盾しない格好の実例として取り上げられることが多いそうです。

ところで、こんな感じで女装の名将を生み出したルイ十四世のブルボン朝フランスですが、その天敵にも女装癖の疑いのあるダメ人間が。

その勇者はオイゲン公子。プリンツ・オイゲンと呼ぶ方が通りが良いかもしれません。当時を代表する名将であるのみならず、歴史上の最も傑出した武将の一人に数えられる、ドイツの国民的英雄です。

彼は、オーストリア帝国がトルコにウィーンを包囲された際に騎兵連隊長として参戦。それ以後も、対トルコ戦や対フランス戦に、ハンガリーやイタリアを転戦して武勲を重ねます。そして1697年には、彼は、ハンガリー方面軍の最高司令官として、彼の生涯における最重要の戦いの一つであるセンタの戦いに大勝利、トルコ軍に三万もの損害を与える大戦果を挙げ、彼自身の偉大な軍人としての名声と帝国のハンガリーにおける勢力を確立するに至ります。

その後、オイゲンは帝国の柱石、名将にして優れた政治家として、長きに渡って帝国を支え続け、文化の保護者としても活躍するのですが、このヨーロッパの偉人に育った傑物をフランスは、女呼ばわりして馬鹿にします。

……オルレアン公妃によれば、オイゲンは……一六九七年のセンタの会戦で大勝利を挙げたのちには、「マダム・ランシエンヌと呼ばれて人々から馬鹿にされていた」と酷評された。フランスの敵となったオイゲン将軍に対するフランス側の悪感情を反映したものと思われるが、ランシエンヌは槍騎兵の女性形である。女っぽい男、ホモを意味しているのだ。オルレアン公妃はさらに、「女性には興味を示さず、美男子の小姓たちの方がましだったのでしょう」と批評する。（飯塚信雄『バロックの騎士　プリンツ・オイゲンの冒険』平凡社、122頁）

しかも、

オイゲン公子が「ソワソンのお嬢さま」と呼ばれ、パリの貴公子たちの間で「女役」を務めていたという記述は、他のオイゲン伝にもある。（同124頁）

なぜドイツの英雄が、パリの貴公子たちの間で女役だったのかといいますと、実は彼はフランス出身。ルイ十四世の愛人ソワソン伯爵夫人オランプの息子として生まれ、ルイの息子だとの噂さえあった男なんですよ。ところが、軍務に付きたいという望みがフランスでは叶えられず、オーストリアへと逃亡、ついには最強の敵としてフランスの前に立ちふさがってきたというわけです。

で、彼が女装癖であったとの確証はないんですが、ウィーンの軍事史博物館に収められている、真っ白い胴衣は、あたかも貴婦人が着るかのような代物で、オイゲン公子の女性性を感じさせるものだそうです。で、そんな服の好みを示し、男達の間で女役を務めた実績を持つ男が、女装癖でないなんて事があるでしょうか、いや無い。だって、せっかく受け身にプレイするなら、ただ掘られるだけよりは、男なのに女の服着せられて、蹂躙される方が燃えるじゃないですか。

だいたい、史上の偉人達の英雄的献身行為の背後には、苦痛嗜好の欲動が見られ、それは願望・夢想次元において、従順な奉仕をする優しい女性とか屈従を強いられる可憐な女性への感情移入といった形をしばしば取ると指摘されていたりします。冒険を求めて戦場へと飛び出し、戦場を与えてくれたオーストリア帝国へ長きに渡る忠誠を尽くす。オイゲンの行動はまさに苦痛嗜好の英雄的献身。性格・心理の傾向的にも、オイゲンが自らを女として見られあれこれされる事を願望していたと見ることは、全くもって自然な結論。

となると、絶対、女の格好してましたって。少なくとも願望の存在は確実。というわけで、オイゲン公子は女装癖、これ決定。

それにしても、オイゲンも女装癖と考えたら、ブルボン朝フランス超ヤバイ。女装武将を輸出までしやがる。

民と美食をウザいほど熱愛した熱苦しいデブ王様の話

フリードリヒ・ヴィルヘルム一世

ドイツの辺境国家プロイセンの国王。富国強兵に尽力し、プロイセンがドイツを代表する大国へと成長する基礎を築いた。

ドイツの東北辺境を支配するプロイセン王フリードリヒ・ヴィルヘルム一世は、ヨーロッパ列強の狭間を漂う小国プロイセンの王として富国強兵に励んだ名君で、彼の残した資金と軍事力を基盤に、後継者のフリードリヒ大王は大国オーストリアとの戦争で豊かなシュレジエン地方をもぎ取り、プロイセンをヨーロッパ列強へと飛躍させることができました。

フリードリヒ・ヴィルヘルムの富国強兵に向けた施策としては、まず倹約があります。当時のヨーロッパではフランス風の豪奢な宮廷生活が流行していたのですが、彼は「私はフランスのマナーには従わない。何故なら私はドイツの王侯であり、また、ドイツの王侯として生活し、死んでいきたいのだ」とか「フランス人を見ると、私は唾を吐きたくなる」（飯塚信雄『フリードリヒ大王』中公新書、24〜25頁）などと言い、フランス風の奢侈を嫌悪して、これを完全に放棄、浮いた資金を軍備拡張に回します。彼は自ら率先して倹約していますが、そのやり口は、七百室もある宮殿のうちたった五室しか自分のために使用せず、市民的な食事のメニューで満足し、衣服を粗末な軍服で間に合わせるとともに事務用の袖カバーとエプロンを着用して執務による傷みを防ぐという、恐ろしいまでに徹底したものでした。あまりに彼が倹約しまくるせいで、彼とフランス風の華美な宮廷生活に憧れる王妃の間や、彼と芸術趣味の軟弱な若年期を送っていた息子、後のフリードリヒ大王との間など、互いを憎み軽蔑し合う酷い対立関係に陥っていたくらいです。この他、実用性のない学者は高い名声すら無視して追放したことや、学者の中でプロイセンに嫌気がさして勝手に逃げていく者が出たことも、彼の倹約ぶりを良く物語るものだと思います。なお、彼の倹約によって宮廷の奢侈に依存していた商工業は打撃を受けましたが、彼は軍需産業を振興することで、その情勢に対応しており、そこから軍隊に衣服を供給する毛織物産業が成長し、次第に民間からの需要にも応え、さらには輸出すら行えるようになっていきました。

また彼は行財政機構の効率化・合理化、引き締めも行います。彼は1722年に中央における総管理局の設置による行財政一元化や、地方行財政組織の整理によって、行財政の効率化を図り、さらに官僚は早朝から勤務するよう規定しています。そして彼はスパイを使って官僚が勤務に精励するよう、監視を行っています。この他、行政の効率化・合理化という点では、ハレ大学に国家経営学講座を設置して行政官僚の育成に努めたことや、当時どの国でも一般的だった官吏の俸給の遅延を無くしたことなども注目に値するでしょう。

さらに彼は国力の向上にも力を注いでいます。既に述べた軍需による商工業振興のほか、外国からの商工業者の誘致をも行って、商工業の発展に力を注いでいますし、また農業生産の向上にも力を注ぎ、大量の亡命者を受け入れて優しく取り扱い、金品の援助や居住地の提供を行って、ペストで人口が減少し荒廃していた東プロイセンに植民、同地を実り豊かな土地へと変貌させています。この荒地の開発を成功させたフリードリヒ・ヴィルヘルムの器量と情熱を、後に息子のフリードリヒ大王は、英雄的であると評しています。

なお亡命者への優しい取り扱いは、彼の民衆生活への手厚い配慮を示すものですが、この他彼の民衆生活への配慮を物語る例としては、1717年に義務教育制度を定めて民衆教育を図ったことや、1719年に王領地で農奴の解放を行ったことが挙げられます。租税の公平に気を配って地主や貴族に課税したことも、彼の民衆への配慮の現れと見て良いでしょう。

このように内政諸方面で改革を進めた彼は、かつては他国からの補助金に依存していたプロイセンの財政を健全化し、多額の資金を遺産として残すことに成功しました。

軍事面では彼は、国内貴族を屈服させてその子弟を将校団として採用するとともに、1733年には徴兵区制度（カントン制度）を導入して自国農民を徴募、ヨーロッパ中から集めた傭兵で構成されるのが通例であった軍隊に、自国の人的資源を大々的に導入します。これによってプロイセン軍は規模を著しく拡大し、彼の治世の間に兵力は三万八千から八万三千に増加、プロイセンは小国には不相応な巨大な陸軍を有するに至ります。二千万の人口を誇ったフランスの兵力が一六万の時代に、プロイセンは二五〇万の人口で兵力八万を保有、フランス、ロシアに次ぐヨーロッパ第三位の陸軍国となったのです。そしてこのプロイセン軍は量的に強大であるのみならず、質的にも精強でした。自国出身の信頼できる教育された優秀な農民を、優れた組織者である宿将アンハルト・デッサウ公レオポルドが兵士として鍛え上げた結果、プロイセン軍は、行軍速度の点でも射撃能力の点でも他国を圧倒するヨーロッパ随一の精鋭軍となっていたのです。

こうしてプロイセンの飛躍の基礎を築いたフリードリヒ・ヴィルヘルム一世は、倹約から乞食王と呼ばれたり強兵政策から軍人王（兵隊王とも訳される）と呼ばれたりしていますが、渾名の微妙な響きはともかく、彼が見事に国家を発展させた名君であることは間違いありません。なお強兵政策や軍人王（兵隊王）とかいう物騒な渾名とは裏腹に、彼は莫大な費用のかかる戦争に対して、極めて消極的な人物でした。

ところで、こんな賢王フリードリヒ・ヴィルヘルム一世ですが色々ダメ人間だったりします。

巨人が大好きでヨーロッパ中から金に糸目を付けず長身の男をかき集め、特に強くもないのに金ばかり食う巨人近衛隊を組織して、その閲兵を唯一の娯楽としていたってのは、倹約魔人の唯一の贅沢として見逃してやるにしても、他に色々ダメっぽい話があります

民衆生活に対する真剣な配慮を行った愛民の名君たる彼は、民衆の敬愛を受ける資格があるはずですし、本人も民衆から愛されることを切実に望んでいたようなのですが、残念ながら彼は民衆からは嫌われていました。まあ、彼は馬車で国内を爆走し、怠け者の国民を見つけては杖で叩いて回ったりしていたようなので、それが愛の鞭であったとしても、愛が過剰で、嫌われてもやむを得ないのではないかとは思います。

そして国民への愛が剰って国民に嫌われた彼は、愛のあまり、ある日彼を避けようする民衆の一人を捕まえ、問いつめます、何のために逃げるのかと。そしてこの問いに対し、哀れな男が陛下が怖いからと答えると、陛下の愛の嵐はやはりここでも荒れ狂い、「お前たちは私を好きになるんだ」（前掲書、３３頁）と叫びながら、その男を杖で打ちのめしてしまいます。

愛情剰って凶行に走り、力ずくで自分への愛を強制するなんて、なかなかなダメ人間っぷりです。多分これは、「好きすぎておかしくなる」（『ヤンデレ大全』インフォレスト、７頁）ヤンデレとかいうやつですよ。彼が美少女ならまだ様になって物好きなファンとか付きそうなものですが、ところが大変残念なことに、彼は太ったオッ

サンです。彼は綺麗好きで、一日に二十回も顔を洗ったそうで、当時のヨーロッパ人が、上辺はフランス風にきらびやかに飾り立てつつも、清潔の観念など欠片も持ち合わせていなかったのと比べると、実は彼は時代に群を抜いた抜群に綺麗な人間(衛生的に)。ヨーロッパ一の美少女よりもはるかに綺麗な美オッサンなんです(衛生的に)。それでも、外観がアブラギッシュな太ったお姿では……。

またこの王様、デブってることからも分かるように、ちょっと飲食に関してもだらしない、かなりのダメ人間。極度の倹約家のくせに、相当に美食も大好きでした。美食は割と誰でも好きなもので、それだけならダメ人間呼ばわりする気はしないのですが、彼が御馳走を食べたい時に臣下や外国大使のところへ押しかけていったというのは、明らかにダメな人です。倹約自慢の内政王は、御馳走のただ食い大好きな、超タカリ魔。しかもアホみたいに度を超した量を食ってまして、そのダメダメな食欲魔人ぶりは、ベルリン駐在オーストリア大使に「陛下は私どもへお成りになり、午餐と晩餐を召し上がったのち、狼のように反吐をお吐きになった」(前掲書、22頁)と記されるほど。なんというか、存在が国辱もののダメ人間ですね。なお、これだけ食って体に良いはずが無いわけで、既に触れたように彼はデブったオッサンですし、五十前にして通風等の病気ですっかり体が衰えてしまいましたとさ。

この他、彼には家庭内暴力という悪癖があって、質実剛健を愛する彼は、後の優れた軍人王とはとても信じられない軽薄軟弱フランス風な息子をビシバシ暴行してボコボコにしてたりするのですが、この点についてはダメ人間とか言ってニヤニヤ眺めてられるレベルを超えちゃってる気がするので、これ以上深くは言及しないこととします。

彼の楽器が奏でるは、流れるような天上の調べ、彼の口が奏でるは、流れないトイレのような山盛りの糞尿談議

モーツァルト （1756〜1791）

オーストリアの作曲家。幼少期から音楽的才能を発揮し、オペラを含む数多くの作品を作曲して古典派器楽を確立した。

西洋音楽で最も有名な作曲家といえば、モーツァルトの名を挙げる人も決して少なくないと思います。モーツァルトはオーストリア出身で、一八世紀のウィーン古典派を代表する巨匠です。古典派器楽形式を確立し、生涯に六〇〇曲以上を作曲したといわれています。作品として四〇曲余の交響曲、各種協奏曲、歌曲、ピアノ曲、室内楽、宗教曲、オペラ『フィガロの結婚』『ドン＝ジョバンニ』『魔笛』などが知られています。彼の後半生は宮廷や協会に所属しないフリーの作曲家としてのそれでしたから、自作の曲を自ら奏でる演奏会によって生活費を捻出しており、そのためにピアノ協奏曲が多数残されているのが特徴です。また実際にダンスに用いるための舞曲が多いのも同じ理由のようです。

ところで、モーツァルトといえばこんな話があります。我が国の国会では、世間話レベルの話題 も議論に持ち出される事があるのは皆様よく御存知だと思います。例えば２００４年３月３０日の参議院総務委員会ではこんな話がでました。

○松岡満壽男君　……（前略）……。
せんだって、ある民放を見ておりましたら、モーツァルトとかリンカーン、それから森鴎外、それから、要するに子供に教えてはいけないかどうかという偉人伝ですね、やっぱりそういうリンカーンとかモーツァルトとか、優れた事績をした人たちに二面性というものはやっぱりあると思うんですよ。その醜い部分だけを民放が強調しておる。これは視聴率稼ぎということであると私は思うんですけれども、やはり人間のみに自ら制御できるものがあるわけです。こういうものがそのまま、十人ぐらいの子供が出て、子供に聞かせていいか悪いかという、非常にモーツァルト、我々が好きな作曲家ですけれども、非常に汚い言葉を使っていたとか、一休さんが非常に女性が好きだったとか、リンカーンは大変な恐妻家であったとか、そういう部分を面白おかしくやっているんですね。これは、やはり非常に私は問題があるというふうに思っております。……（後略）……。
（「参議院会議録情報第１５９回国会総務委員会第８号」(http://kokkai.ndl.go.jp/SENTAKU/sangiin/159/0002/15903300002008c.html) より）

……まあ、偉人には教育に悪そうな一面が多々あるのも事実ですから、なんでもかんでも子供に聞かせるのは良くないのではないかという懸念は分からないでもありません。しかし、それもやり過ぎると都合の良い一面だけを切り取って伝える事になり、かえって偉人への冒涜につながる可能性が無きにしもあらずです。また模範的な存在として偉人を描く事により子供たちに現実離れした印象を与えたり、萎縮させてしまったりする事もあり得ます。一方で、偉大な人物にもこのような困った一面があったという事実は、逆に偉人に親しみを持たせ目標にさせやすくするのではないかと思います。要はバランス、ということでしょうね。上述のような内容だと、松岡氏のように気に病む必要はないのではないかと思いますけどね。さて、上述の発言中のモーツァルトに関する「非常に汚い言葉を使っていた」というのは興味を惹かれますね。それについて少し見てみる事にしましょう。

モーツァルトは、姉や母、従姉妹への手紙でしばしば糞尿関連の言葉を書き記していたそうです。例えば１７７７年11月５日の従姉妹宛の手紙には「ああ、おケツが火でじりじり焼けるようだ。これはきっとあれだ……多分出たがってるんだ、うんちが。」（アラン・ダンデス、新井皓士訳『鳥屋の梯子と人生はそも短くて糞まみれ―ドイツ民衆文化再考』平凡社、１００頁）という文句が文中に現れ「では、ぐっすりおやすみ、たっぷりベッドに糞たれ給え。元気で眠り給え、お尻を口で舐め給え」（同１００頁）と末尾に記しており、同年12月３日の手紙では「親愛なる従姉妹様、書き始める前に、はばかりに行かざるべからざるさ」（同書１０１～１０２頁）「下痢なら走る、そしてもう我慢できなくなったら、ズボンにたれちまう」（同１０２頁）「さあ、もう伝えるニュースもなくなった、古手の牛が新品の糞をしたこと以外」（同１０２頁）などと書いた挙げ句に「W・A・モーツァルト、おなら抜きで糞する人」（同１０２頁）と署名する有様です。更に、彼は本業の音楽においてさえ「私のケツを舐め給え、すっかりきれいに清潔に」（ケッヘル２３１、２３３）といった題名の曲を作ったり「お前の口に糞するぞ……さっさとおれのケツでも舐めろ」（ケッヘル５６０b）と歌う曲を作って全員が「おれのケツでも舐めやがれ」と歌うようにしたといわれています（いずれも同１０６頁より）。

ルターも大概ウンコウンコ言っていましたが、モーツァルトも負けていません。しかも、この様子では親類もこの手の言葉を受け入れていたと考えるのが自然でしょう。幼い頃から宮廷に出入りしていた音楽家としては、あるまじき下品さです。

しかしながら、糞便関連の言葉を好んで使うのはモーツァルトだけではなくドイツ人一般に言えることだったようです。例えばドイツの諺に「鳥屋の梯子と人生は――そも短くて糞まみれ」といったものがありますし、民謡も「糞たれよ」だの「糞くらわせよ」だのといった文句がやたら出てくる『祝福の辞』など糞便にしばしば言及しています。また十六世紀の『ティル・オイレンシュピーゲル滑稽譚』では悪戯好きな主人公が自分の糞尿を食べて道化のチャンピオンの称号をポーランド王から授けられたり、金貨の山に見せかけた糞便の中に邪悪な司祭の両手を突っ込ませたりといった逸話が多くみられる一方で、性愛関連の話題はほとんどありません。「すっきり糞すりゃ幸せいっぱい　ときにはファックするよりよい」（同書81頁）という文句もドイツで伝えられている事を考えると、性欲と排泄欲はある程度代替可能なのかもしれません。

糞尿関連の言葉を口に出すのを好むのに関しては、我々も子供時代を思い返すと覚えがなくもありません。それを考えると、これをドイツ人特有の性質といってしまう事は必ずしも適切ではないかも知れません。しかし他の西欧諸国と比べてもドイツは顕著であると言われています。ドイツ人全体がおかしいのでしょうか？　なるほど、下品な言葉遣いをしても不思議ではない一般庶民だけでなく、モーツァルトたちのような上流階級の人士までがこうした言葉を使っているわけですしね。

そういえば、モーツァルトの他にはルターなんかもウンコウンコうるさいですし、これらウンコ談議の両巨頭ほどではないにせよ、ウンコウンコ言った上流階級のドイツ人が、他にもゾロゾロ見つかるわけでルターやモーツァルトが特殊なわけではなかったのです。

例えばプファルツ公女として生まれルイ十四世の弟に嫁いだオルレアン公妃リーゼロットは手紙でフランスのトイレ事情など糞便の事ばかり書いており、「皇帝陛下がフンする、皇后陛下がフンする、王様達がフンする、王妃達がフンする」だの「つまるところ人は空中にフンをし、地面にフンをし、海にフンをする、宇宙はもうフンだらけ、フォンテンブローはフンだらけ」といった具合にいい感じにウンコウンコ言ってます（同97頁）。

次にゲーテはイタリア旅行した際に汚物に関する苦情を漏らしている衛生志向の強い人物ですが、それでも『若きウェルテルの悩み』を茶化した論客に反撃した『ウェルテルの墓に詣でるニコライ』という詩で、件の論客を「そこへ来たるは立派な紳士　自由自在な彼のお通じ　とは人々のうわさはしける」だの「くだんの墓の上に座りて　たっぷり一山ひねって出して　悠然として見る己のうんこ」だの「しかしてもらすは訳知り顔なる独り言　『善い奴だった　悼むに足りるは　あいつの死に様ばっかりは　もし一発〈く〉の出――おれ様ばりに　そしたら死ぬこたぁなかったろうに』」と糞便まみれな表現を見せています（同110～111頁）。また茶番劇『ハンスヴルストの結婚』では「道々うんこをたれるのは　こやつの得意とするところ　ちっとやそっとで、なおりゃせぬ」（同162頁）なんて書き起こしたりしています。ちなみに「ハンスヴルスト」とは「腸詰ハンス」といった意味で、ソーセージもドイツでは糞便を連想させる形で民謡や詩文に登場するのです。

そして王様すらも例外ではありません。プロイセンのフリードリヒ大王の父であるフリードリヒ・ヴィルヘルム一世は、金銭の請求があった際に

そちの願いはかなえられない
わが養うは十万余名の臣と兵
黄金は尻からひねりだせない
プロイセン王フリードリッヒ・ウィルヘルム

（同120頁）

と答えたとか。なぜ尻からひねり出すのでしょう……。やっぱりドイツ人全体がおかしいようです。

以上のように、上は王様から下は庶民に至るまでドイツ人の言語表現はウンコウンコばっかりです。フロイトは肛門性欲者は極端に几帳面で吝嗇で頑固であり、清潔・整頓・信頼性は不潔なものに対する関心の反動であると述べており、確かにそう言われるとドイツ人一般のイメージに合うようにも思えてきます。民俗学者ゲルション・レッグマンもまた「たとえばドイツ人とオランダ人は、ユーモアにおいて他のどんなテーマより明らかに糞尿に関わるテーマに弱い。これは疑いもなく、極端に厳しくまた早期から始まるトイレ訓練、およびチュートン式躾や性格に一般にみられる厳格さと強制性への反動であり、アングロ・サクソン文化に共通する、成人後の『清潔コンプレックス』という結果からの一種の解放なのだ。」（同127頁）と述べていますから、ある程度は当たっているのかもしれません。

トーマス・マンは「音楽はドイツ人の魂の一部だ」とか言ったらしいですが、そう考えると上述のモーツァルトのウンコウンコ言ってる作品も、その魂の一面を間違いなく象徴しているといえるような気がします。

英仏代表天才軍人は、浪費癖あるクズ女に惚れた弱みで貢ぎに貢いだ英仏代表ヘボ男

ナポレオン（1769～1821）　ネルソン（1758～1805）

ナポレオンはフランスの天才軍人で皇帝となり大征服を行った。ネルソンはイギリスの海軍軍人でナポレオンに対抗した。

ナポレオン・ボナパルト。フランス革命期の軍人として、圧倒的な軍事的才幹を示し、ヨーロッパ諸国を相手に無数の勝利を積み重ね、同時に政治的才覚も発揮して権力を奪取、ついには皇帝にまでのし上がり、一時、ヨーロッパ大陸の大半を制覇した覇王です。

この英雄ナポレオンが、軍事的天分を華開かせ、果てしない野心を抱くに至ったのは、彼の晩年の述懐によれば、１７９７年にフランスの勝利で集結することになったイタリア戦争においてのこと。１７９６年に、イタリア遠征軍の司令官として赴任した彼は、装備も補給も不十分でボロボロのイタリア遠征軍兵士に対し、３月27日こう告げて言います。

兵隊よ、諸君は裸で、給養も悪い。政府は諸君に負うところが多く、しかも何一つ諸君に与えることはできない。諸君の忍耐、これらの岩のただ中で諸君が示す勇気は、讃嘆すべきものがある。しかしそれは諸君に何らの栄光をもたらさず、何らの輝きも諸君の上には及ばない。私は諸君を世界一の沃野に誘導しようと思う。

豊かな諸州、広大な諸都市が諸君の権力下に入るであろう。諸君はそこで名誉と、栄光と、富とを見いだすであろう。イタリア遠征軍の兵隊よ、諸君はよもや勇気と堅忍不抜の精神とを欠くことはあるまい。（『ナポレオン言行録』オクターヴ・オブリ編、大塚幸男訳、岩波文庫、62、63頁）

こうして、イタリアの豊かさをエサにして兵士達を煽った彼は、その後、見事にイタリア戦争で勝利を重ねて大暴れ、イタリア戦争をフランスの勝利に導き、宣言通り名誉と栄光と富とを手にします。

そして、以後も彼は様々な戦争で勝利し、戦争の天才、英雄ナポレオンの軍事的名声を不動のものとします。彼の軍事的名声は、彼が最終的に敗北して皇位も何もかも全て失って島流しになった後でも、なお彼を史上屈指の英雄としての地位に留めています。

で、こんな英雄ナポレオンですが、英雄なのに、せっかく英雄なのに、プライベートでは英雄らしからぬ軟派惰弱なダメ人間な側面を発揮してくれたりします。

彼は、非常に浮気性で、しかも良い年しながら分別も身に付かず異常に浪費家で常に借金に悩んでいるという、どうにも人間として終わってるとしか言いようのない年上の妻ジョゼフィーヌを溺愛、というかジョゼフィーヌの爛熟した肉体と巧妙な性技巧に眩惑されて虜になって、そんなバカ女相手に、無様に尻尾を振り続けた男なのです。

彼が、先に引用した野卑だけどカッコイイ男らしい布告に象徴される、雄々しい戦いと勝利の日々をイタリアで送っていた時のこと、彼は、遊興と不貞の日々を過ごすジョゼフィーヌに対し、雄々しく戦う英雄に相応

しくない、あまりに軟派で惰弱でピンク色の恋文を、毎日毎日毎日毎日、多い日など、一日に四通も送り続けます。曰く、

「私は一日たりとも君を愛さずに過ごしたことはない。」『私の魂はさびしい、私の心は恋の奴になっている。」（3月31日）

「さようなら、ジョゼフィーヌ、君は私にとっては説明のできない化物だよ……私の君に対する愛は日に日につのるばかりだ。不在は小さな情熱をいやし、大きな情熱をつのらせるものなのだよ。君の口の上に、或いは君の心臓の上に、接吻を送る。私のほかには誰もいないだろうね？　それから君の乳房の上にも口づけを。」（4月26日）

「十頁の手紙を書いておくれ、それだけが私をいくらか慰めてくれることができるのだ。」（6月15日）

（『ナポレオン言行録』オクターヴ・オブリ編、大塚幸男訳、岩波文庫より）

それどころか、もっと酷いものになると、「「最後に接吻を、腹部より下にずっと下に」と結んでいるが、「腹部より下に」ということばを三度もアンダーラインしているのである。」（『世界の戦争7　ナポレオンの戦争』講談社、282頁）。

ところがジュゼフィーヌの方は、常勝将軍ナポレオンがもたらしてくれる富と栄光のことは愛していたものの、彼のことを愛していたかというと微妙で、1798年にナポレオンがエジプトで戦死と噂された時など、

これで息がつけるだの、これで不幸じゃなくなるだの口にしたとさえ言われています。英雄中の英雄、男の中の男たるナポレオンの軍事的天才は、身も金もまともに管理できないバカ女の手管に絡め取られ、上手いこと金蔓として使われていただけってことです……。

女への愛というのは悪くないものですが、ロクでもない女に騙されて、尻尾振ってせっせと貢がされるだけのダメ人間は、はっきりいって無様なだけです。ナポレオン、英雄なのに無様過ぎです。

現代日本のバブルとかいうトチ狂った時代の、軟弱な男達には、せっせと女に貢ぐのを良しとするおかしな価値観が流行し、貢いで貢いでそれだけの存在として扱われる哀れな男達がいたとか聞いていますが、そんな吹けば飛びそうなチリの如き小者連中はともかく、彼ほどの偉人がそんなダメ人間ぶりを曝すとは……、男って悲しいね……。

ところで、こんなダメ偉人ナポレオンにはライバルが。

その名はネルソン。世界の海戦史上で最も偉大な無敵の提督です。

彼は、ナポレオン率いる最強陸軍国フランスの前に立ちはだかり、フランス海軍を押さえ込み叩き潰して、イギリスの海上支配を守り抜いた男です。彼の偉大な海戦能力の前に、ナポレオンのフランスはついにイギリスの海上支配を揺るがすことができなかったのです。

それがこの提督、英雄として軍人としてナポレオンのライバルであるだけではありません。彼もプライベートがナポレオンに劣らず残念なダメな人。

彼は、別に妻に無様に尻尾を振ったわけではありません、むしろ彼は妻のことを邪険に扱っていました。ところが妻を邪険に扱う一方で、彼は外交官夫人の若き美女エマ・ハミルトンにぞっこん惚れ込み、夫である老紳士ハミルトンの黙認の下、長年ずぶずぶ不倫の恋を続け、ハミルトンの死に望んで、エマを託されるような奇妙な三角関係を形成しました。

そして彼は、引退を望むようになり、「「あの邪魔者」――ネルソンは妻のことをこう呼んだ――「は、神が嘉したまいて、きっと除かれようから、その時は何年も何年も幸せな歳月をともにし」」（ロバート・サウジー『大航海者の世界Ⅶ　ネルソン提督伝』原書房、339頁）ようと、エマに対して誓います。ところが彼は戦いを止めることができず、1805年彼の命を奪う最終戦場に向けて、フランス海軍との最終決戦に向けて出征していくことになります。その時、長年の休む間もない戦いの日々に消耗しきったネルソンは、海を離れて休暇に入っていたのですが、海軍本部は彼に指揮権を委ねることを望み、その要請を受けた彼も出撃を望みます。しかし彼は、それをエマに告げる勇気がなく思い悩んでいたのですが、エマは彼の気持ちを見抜いて、彼を励まし送り出しました。

「ネルソン」と、夫人は言う、「私たちはあなたのご不在を嘆きもしましょう、悲しみもしましょう。でも、国のためにお出になってください。きっとみんなは大喜びし、そしてあなたの心も静まるでしょう。きっと輝かしい大勝利を収めることになりましょう。そうなればここにもどってきて、幸せに暮らせましょう」。ネルソンは目に涙を浮かべて、レディ・ハミルトンを見つめた。――「勇敢なるエマよ！　――善良なるエマよ！　――この世にエマがもっと何人もいたなら、ネルソンももっとたくさん出てくることだろう」（同374頁）

こうして出征した彼は、「英国は各員がその義務を果たすことを期待する」、指揮下の将士にそう告げてトラファルガー海戦を開始、イギリス海軍の力を十二分に発揮させてフランス艦隊を殲滅する完璧な勝利を達成しました。そして彼自身は敵の狙撃を受け、瀕死の重傷の中で指揮を執りながら、大勝利の決まった戦況を見て、「満足だよ、神に感謝を、私は義務を果たした」と言い残して、死亡しました。

で、これだけ見ると、ネルソンとネルソンの良き理解者エマの麗しい絆の物語。しかしネルソンが溺愛したこの女性、湯水のように金を使う非常な浪費癖を持ち、借金を山積みにしていく人物で、収入を割き与え年金を得られるよう工作してやり、どう彼女の生活の安定を確保してやるかがネルソンの重大な悩みになってたり……。こんな女を溺愛して、せっせと尻尾振ってたなんて、ネルソン、そんなところまでナポレオンのライバルでなくても良いのに。

それにしても、なんで、なんで当時を代表する二大英雄が、陸戦史と海戦史の頂点に属する偉大な名将たちが、そろいもそろって、バブル期の軟派惰弱な男どもみたいなダメダメな醜態を……。

なお、エマがもっといたらネルソンももっと出てくるとか、ネルソンがわけ分からんこと言ってますが、狂ったバブル時代に女の浪費癖に尻尾を振って貢ぐネルソン風恋愛の経験者を多数生みだし、その後迷走に迷走を重ねる日本国の住人としましては、エマなぞいっぱいいたところで、ネルソンの如き傑物が続々生まれることなど決して無く、国史に恥ずべき狂気と迷走の時代を残すのみだと断言しておきましょう。

国家公認大哲学者はムッツリスケベのラノベオタ

ヘーゲル

（1770〜1831）

ドイツの大哲学者。哲学を独自の観点から体系化した。以後の思想は彼の哲学との対決を通じて形成されていくこととなった。

ヘーゲルはドイツの有名な哲学者。彼は哲学を独自の観点から体系化して壮大な思想を創り上げ、西洋思想界に甚大な影響を与えました。ヘーゲル没後の西洋思想は皆、ヘーゲル哲学との対決の中で生まれていったとかも言われています。なお、生前の彼は偉大な思想家として、もちろん、その思想の持つ力によって非常な名声と権威を手にしてましたが、他にも彼には大きな威信を加えてくれたものがあります。それはドイツ地域の有力国家プロイセンの国家権力。彼はその哲学が国家を思想的に擁護する内容を持っていることから、プロイセンの御用哲学者として抜擢されており、そういう意味でも彼は非常な権威を獲得してたのです。

で、このように国家権力背負って圧倒的な権威で押し迫ってくるヘーゲル先生は、それだけでも非常に厳めしい印象の人ですが、それにふさわしくと言いますか、思想内容まで非常に厳めしいお方。なにせ彼の思想は非常な難解さで有名で、あらゆる哲学者の中で最難解との評価もあるほどなのです。その上、彼の容貌はなかなかゴツくて難しそうな顔つき。そう、この人、見た目までもとっても厳めしいんですよ。ところが、このどっから見ても厳めしく、偉人中の偉人感漂うヘーゲル先生、実のところ、意外と柔らかな人だったり。……いいえ、そんな言葉では生ぬるい。結構軟派軟弱なダメ人間だったりします。

なにせ彼、若い頃には、「宮廷でのコンサートにはよく行って、彼自身述べているように、本来の目的を越えて、「美しい少女を眺めるための」密かな機会を窺った」（ホルスト・アルトハウス『ヘーゲル伝　哲学の英雄時代』法政大学出版会、23頁）ような人物ですから。ところが「かわいい女の子を見るのは楽しいのだが、ただ遠くから眺めるだけであった。彼はこれを自分だけの秘め事として日記に記していた。」（同24頁）とのこと。ということでヘーゲル先生は、こそこそされど熱心に少女を視姦して、せっせと視姦日記を作成する、なんともヘタレ臭いムッツリ助平さんだったのです。あの難しげな顔は、多分、単にムッツリしてただけなんですよ。

さらにまた、彼は趣味の志向も良い感じにダメ人間。なんとヘーゲル先生、『メーメルからザクセンへのゾフィーの旅』という、一人の少女を主人公に非現実的な事件の連なる冒険を描く低俗小説を熱心に愛読していたのです。おそらくこの人、現代に生まれていれば、いわゆるオタクになって、ライトノベル（オタクに愛好者が多い漫画みたいな娯楽小説のことで、非現実的な騒動を描くことが多く、しかも美少女がよく活躍する）にでもハマりまくってたんでしょうねえ。

以上のように、ヘーゲルはオタ臭いムッツリ助平なダメ人間だったんですが、他にも彼は、ダメエピソードを持っています。実は彼、下宿の女主人兼家政婦さんに手出しして私生児作っていて、しかも結婚までうっかり約束していたらしいのです。そして、彼が四一歳にして、熱愛の末に二十歳の娘さんと結婚しようってときのこと、なんと結婚式に、約束を盾にこの女性が押しかけて来ちゃいました。どうにか、彼女をなだめすかして、お帰り頂くことには成功したようですが、なんとも恥ずかしいダメエピソードですよね。

音楽と食事で美を追求した芸術家、代わりに自分は太って見苦しく

ロッシーニ

（1792〜1868）

十九世紀イタリアのオペラ作曲家。『ウィリアム・テル』を始めとして数多くの名曲で知られる。

ロッシーニは十九世紀初頭のヨーロッパで最も人気があったオペラ作曲家です。彼は若くして才能を発揮し、二十歳のときに『幸福な思いちがい』『試金石』で人気音楽家の地位を確立。その後も『セビリアの理髪師』『シンデレラ』『湖上の美人』『ウィリアム・テル』といった現在でも広く知られている名作を生み出しています。彼の特徴は声楽・オーケストラの技巧や様式を知り尽くして洗練させた点にあり、ベルカント唱法（歌手が劇的な表現よりもむしろ美しい声や華麗な技巧を強調する歌い方）を流行させたり音量の漸増を効果的に用いたりしたとか。それでいて技巧に走りすぎず、劇全体の構成をも壊さないよう心がけていたといいますから立派ですね。あと、彼の時代までオペラ歌手は去勢男子であるカストラートによって担われていたのですが、この時期から女性歌手も目立ち始めるようになります。ロッシーニはオペラにおける女役がカストラートから女性歌手に移りつつあった最中の人物であり、カストラートを意識せずに作品作りをした最初の主要作家と言われています。このように、彼は西洋音楽史の巨星であるだけでなく音楽史の転換点を象徴する存在でもありました。

さてロッシーニは才能の芽が出るのも早かったですが、それと負けず劣らず早々と第一線を退いてもいます。三七歳で『ウィリアム・テル』を作曲した後はオペラには手を出さず、小品を作るのみでグルメ三昧。しかも既存の料理だけでは飽き足らなかったようで、マカロニにフォアグラ・バター・パルメザンチーズを入れてみたり、ステーキの上にフォアグラを載せ洋酒で味付けした「トゥルヌ・ド・ロッシーニ」といった独自メニューも開発しています。功なり名遂げた後なのでいくら趣味に任せて美食を追及しようがそれ自体は構わないと思います。というより寧ろ、美味しい料理のレパートリーが増える事はすなわち文化への貢献なので賞賛されてしかるべきでしょう。

しかし、それに伴って彼には困った話が残されています。同時代人のテオフィル・コンチェが記録するところによれば、ロッシーニは作曲活動をやめていない段階でに既に自分の足が見えなくなって六年経つ状態だったとか。しかも楽団と仕事をしていて金管楽器を見ても片手鍋を連想するほど頭の中が食べる事で一杯。いくらなんでも太りすぎですし、食い意地が張りすぎです。世間一般論として、これ以上太ると危ないと周囲から言われるような人でも、脚が見えなくなるまで至っている例はそうないことを考えるとロッシーニの肥満がいかほどか分かろうというものです。本格的に引退してからどれほど太ったのか、想像を絶するものがありそうです。まあ、日本人と西洋人の体質の違いを考慮する必要はありますが。いずれにせよ、自己管理がなってません。さすがにこれはダメ人間といわれても仕方ないと思います。

モルトケ

（1800～1891）

プロイセンの対オーストリア、対フランス戦争に大勝利をもたらし、プロイセンのドイツ統一を軍事面で支えた。

モルトケはドイツ北部に生まれ、デンマークの士官学校を経て軍人となり、その後、移籍してプロイセン軍人となった人物です。彼は身体的なたくましさや人を圧倒する威厳に欠け、性格的には心優しく内向的、小説を執筆し外国の歴史書を翻訳するなど文人肌な面が強く、活力に乏しくもあったため、外見的に軍人として酷評を受けることもありました。その一方で戦史に深く通じ、その生涯で七カ国語を身につけるなど、卓越した知的能力を誇っており、参謀将校として適性を認められてもいました。ちなみに、たくましさや威厳、活力に欠けるとはいっても、戦場に勤務する適性を全く欠いていたわけではなく、三十代でトルコ軍に派遣された時には、積極的に第一線での戦闘指揮を行い大いに活躍、トルコ兵たちから、古代の英雄の再来であるかのような崇拝を受けていました。とはいえ全体的に見れば、その経歴において部隊指揮の経験はほとんど無かったと言ってよく、軍人としては無名に近い状態で、老年にさしかかるまでを過ごし、むしろ文筆家としての存在感の方が目立っているくらいでした。それが老年にさしかかってデンマーク戦争で才幹を示して後は、普墺戦争と普仏戦争の作戦を主導して、プロイセンに鮮やかな勝利をもたらし、プロイセンによるドイツ統一を軍事面で支える大役を十二分に果たしました。この栄光の中でも、驕り高ぶることはなく、大敗して非難の集中砲火を受ける敵将を弁護するなど、優しく謙虚な人柄を見失わなかった点も見事という他ないでしょう。そしてその後、彼は神にも等しい敬意を受けながら、最晩年までドイツ軍を支え続けるとともに、庭の樹木の成長を楽しみに眺めつつ、一族の年少者達に愛情を注ぐ日々を過ごし、やすらかに天寿を全うして死んでいきました。

こうして見るとモルトケは、表面的に軍人に不向きであったため、なかなか真価を発揮する機会を得られなかったものの、実際には人格、勇気、知力、指揮能力と、いかなる面でも欠けることはなく、軍人として完璧に近いと言っても良いでしょう。そして軍人でありながら、粗野な面が見られず、文人として活躍しているあたりも、非常に好感の持てる人物です。思想的には保守的な人物で、当時の民主的な思潮の盛り上がりには嫌悪感を示していますが、当時の社会や民衆の未成熟を思えば、これで彼の評価を下げる必要もないでしょう。彼の評価を下げる点があるとすれば、唯一、軍事の専門家として凝り固まっていて政治への理解に乏しく、政治部門への服従に若干欠けていたたって点くらいでしょう。実は彼は、戦争の開始と終了において政治が役割を果たすことを認めていながら、一度始まった戦争については、政治は作戦に口を挟むべきでないと考えていました。そのため彼は、ドイツ統一を政治外交面で支えた大政治家ビスマルクが軍事に口を挟むのを非常に嫌がり、ビスマルクの政治的外交的戦略を理解せずにビスマルクと衝突するという事態をしばしば引き起こしているのです。彼は自らもキチンと専門家としての節度を保ち、軍事の側から政治の領域に調子に乗って口出しするようなことはなく、これに関しては褒められて良いことなのですが、しかし軍事はあくまで政治目的達成の手段ですから、逆に政治部門の軍事への態度についてまで、同様の節度・不介入を求めてしまうことは、ちょっと頭が固すぎて困りもの。軍事一辺倒ではない幅の広い趣味教養を誇り、慎み深く優しい性格を持つ、軍人らしからぬ軍人の彼をして、その知力がこのように、偏狭な軍事技術屋としての限界を越えられなかったというのは、なんとも残念なことではあります。とはいえ、この欠点を考慮に入れても、なお、彼が多くの美点を備えた完璧に近い優れた軍人であることは確かなところ。

しかしモルトケ自身は、こんな優れた人間でありながら自らにそれほど満足してはいなかったようです。彼は偉大なる沈黙者と称されたほど、内向的で寡黙な人物でしたが、本人は自らの内気さやはにかみが気に入らなかったらしく、デンマーク士官学校時代には、性格の弱さを不幸な特性と呼んで嘆いています。社会が豊かで穏やかになっているはずの現代ですら、内気で寡黙な人物が、性格の弱さにつけこまれ、しばしば嘲弄の対象とされることを思えば、社会の未成熟な十九世紀に軍隊という暴力装置の中で過ごした人物にとって、性格の弱さが非常な重荷になったことは想像に難くありません。彼はプロイセン軍に移って数年後、二七歳の時に、『二人の友人』という短編小説の中で、楽天的で人を惹き付けて回る友人の陰で、嫉妬と密かな自負心を燃やし、成功と勝利の夢想を抱く、内気な青年将校の姿を描いていますが、ここにも彼の悩みを見て取ることができます。人の輪の中心を占めることのできない自らの性格を恨むに加えて、いつ訪れるとも知れない万に一つの成功と栄光の日を願う思いが、謙虚な彼とて無くはなかったのでしょう。それにしても、積もり積もった恨みの行き場を、自己投影した小説に求めているあたりは、内向性が深刻と言えば言えなくもありません。

とはいえこの程度の内向性は、なるほど弱点欠点と言えなくもないものの、知力と感性に優れた人物にはよく見られるものであって、別にモルトケをダメ人間呼ばわりせねばならないほどの問題点ではなく、人によってはむしろ美点と評価してもおかしくないように思えます。ところが、モルトケの内気さは、彼をちょっと弁護し難い発言へと駆り立てます。弟妹中で最も可愛がっていた妹のアウグステに向かって曰く「結婚は富籤だ。何を引き当てるか運次第だ。もし結婚するなら、お前の育てた娘を娶る」（片岡徹也編訳『戦略論大系3モルトケ』268頁）。

モルトケが妹アウグステの娘、男の子のように奔放で生気に満ちた美しいマリーに出会い、初対面から恋に落ちたのは、モルトケ三九歳、マリー十三歳の時。ロリコンという語の元になったナボコフの小説『ロリータ』では、九〜十四歳の少女の魔力が十以上年上の男を強く惹き付けることがある旨述べているのですが、この考え方に乗っかればモルトケはばっちりロリコンです。だいたい妹の娘が幼い内につば付けにかかるあたり、自力で普通に外から伴侶を捜し出してくる意志が全くもって感じられません。そもそもこの言い方では、相手云々以前に、結婚自体がもしものことに過ぎないですし。自分からこんな言明してしまうのはどうなのか。何だか全力で普通の恋愛や普通の結婚を諦め切った、素敵な姿勢を感じます。開き直りに清々しさすら漂っています。救いがあるとすれば、マリーを生んだのがアウグステではなく先妻で、すなわちマリーはモルトケにとって義理の姪であり、血のつながりが無かったってところくらいでしょうか。それでもちょっと良い感じにダメ人間ではないかと思いますよ。

そもそも彼は、デンマーク時代には、ふさふさしたブロンドの髪と気だての良い青い目に飾られた誠実な容貌、物静かでありながら話し好きで愛想の良い人柄によって、友の記憶に残っており、後にはフランス皇帝ナポレオン三世を訪問する親王に随行し、ウージェニー皇后に、寡黙な紳士ながら打てば響くように返答する面白い人物と評されることになる男です。それなりの年齢のふさわしい伴侶を社会に求め自力で見つけ出してくることが、それほど困難であったとは思えないのですが……。なのにここまで諦めきってるのは、気質的にちょっとばかりダメな何かがあると言わざるを得ないです。

そういえば彼は、デンマーク時代の友人にも、ふとした瞬間に隠された憂鬱が表情をかすめるとして、地の沈んだ性格が看破されてたりしているので、愛想の良い態度をとり続けることは、おそらく苦手だったのでしょう。そして彼のそのような性格では、愛嬌を振りまき続け異性の気を惹いて回るのは大変なことだったでしょう。それどころか彼の鋭敏な知性は、そのような行動に興味を惹かれず、かえって退屈と苦痛すら感じたのかも知れません。実際、他の偉人達の実例を見ても、知性に優れた思索的な人物は、しばしば異性との関係に非常に冷淡で、結婚をしないとか非常に晩婚であるとかいうことが少なくありません。彼もそういった偉人によく見られる人格類型に属していたということでしょう。ただ彼の場合、相手の年齢とか、そんな年齢の身内につば付けにかかって自らそれを言明するという、何とも言い難い形での開き直りっぷりのせいで、単なる女嫌いと一線を画した、良い感じにダメな雰囲気が漂っていると思います。

なるほど彼の言うとおり結婚は運次第であり、信頼の置ける人物の育てた娘を伴侶に迎えたいという彼の判断は、その運頼みの不確かさを大いに緩和する、賢明な判断と言えなくもないでしょうが、だからといって、逝っちゃってるものは逝っちゃってるのです。

やがてモルトケは四一歳の時にマリーに求婚。マリーがこれを受諾すると、彼女の父の希望によって一年後の結婚が決まります。ちなみにモルトケは寂しい十二ヶ月の間に十二も年をとってしまうだろうと嘆いていますが、がんばって踏みとどまって下さい。ただでさえ二六歳差、しかもひょろっとした体格と謹厳な物腰で年齢以上に老けて見える外見、そこに一年で十二年分も老け込んだら、犯罪っぽさがいっぱいいっぱいです。

マリーは、叔父が海外の勤務地から母に送った手紙、豊かな文才で現地の風物を伝え一家の話題の中心となった手紙を通じ、叔父への尊敬と憧憬の念を抱いていましたし、傲慢とすら受け取られかねない叔父の謹厳・寡黙の陰に潜む、温かさや茶目を見抜く聡明さを持っていました。そしてモルトケの側は年長者らしい寛容と導きを示しましたから、年齢差にかかわらず二人の結婚は、深い愛情に満ちた穏やかなものとなりました。モルトケの寡黙と謹厳をマリーの快活と優雅が補い、マリーが病死するまでの二十六年、子供はないものの幸福な生活が続きました。そしてマリーの死の二十三年後、モルトケは最後の瞬間まで妻の肖像画に視線を向けながら、息を引き取っています。どこかダメっぽさの漂う始まりだったとはいえ、とても幸福だったようなので、出発点の些細なシミに目くじらたてるような野暮なまねは、やめておいた方が良かったのかもしれません。

ところでモルトケは、なんと元々は歴史家志望で金が無いため士官学校に入ったにすぎない人物でした。陸軍大学校時代にも、軍事の学習についていては戦史に興味をかき立てられたくらいで、最小限しか軍事専門書には勉強時間を割かず、むしろ文学や語学、地理の勉強に熱中していた男です。こういう点でも彼はダメ人間化しておかしくない逸材でした。貧困と軍事組織の用意した逃れようのない強固なレールがあればこそ、真っ当な職業人として生きられたと言って良いかも知れません。それが、軍人として酷評されたりしながら、実績をどうにか積み重ね、老年に入って一気に軍事的英雄にのし上がるのだから、人間って不思議なものですね。

リンカーン

（１８０９～１８６５）

アメリカ大統領。内戦ながら、アメリカ史上最大の戦争となった南北戦争に勝利した。人格の高邁さでも知られる。

リンカーンは言わずと知れたアメリカの大政治家。政治への志厚い彼は、やがてアメリカ大統領の座に就きます。彼は、大統領として、黒人奴隷制を巡る国内の感情的対立によって生じた内戦、南北戦争を戦うこととなり、優れた統率力で連邦を率いて、連邦から離脱した南部諸州を制圧しました。ちなみに、彼は、南北戦争中、奴隷解放宣言を発したほか、「人民の、人民による、人民のための政治」という結びで知られるゲティスバーグ演説で民主主義の精髄を高らかに宣言するなどして、道徳と理想に満ちた気高い政治家として、歴史に名を刻むことに成功しています。そのため彼は、アメリカの生んだ最も優れた大統領の一人として圧倒的な敬愛を受けています。

まあ、彼の行った奴隷解放宣言は、占領済みの地域や連邦への忠誠を守った奴隷州には適用されない中途半端なもので、それにいったいどれほど価値があるのか謎ですし、そもそも、肌が白いの黒いの奴隷の解放がどうのと言ったところで、アメリカ大陸の先住民インディアンから見れば侵略者内部での内輪もめ程度の問題ではないのかとか皮肉の一つも言いたくなるところです。ちなみに、リンカーン、インディアン攻撃の志願兵部隊の隊長務めたこともあるんですよ。あと、民主主義の精髄を謳ったゲティスバーグ演説にしたって、彼の前に、エヴェレット、ペリーの持ってきた大統領親書を書いたという日本にとっても因縁深い人物が、二時間近い大演説をぶったおかげで、三分足らずの彼の演説は当日の聴衆にも、翌日の新聞にもほとんど無視されていたそうで、これもどれほど社会的価値があるのか。社会的に無価値だけどちょっと気の利いた発言するって程度のことは、その辺のオッサンだってできるんですよ。

というわけで、個人的には、リンカーンの理想や道徳は、個人の資質としては立派とは思うものの、政治家としての実績に何ら価値を添えるような要素ではなく、それをもって政治家リンカーンを尊敬する理由になるとは思えないんですよね。ですが、それでもリンカーンは、偉大な大統領だったと思います。なにせ南北戦争は、アメリカが歴史上に戦った全ての戦争の中で最大の戦死者を出した大戦争であり、ある意味、リンカーンはアメリカ最大の戦争指導者、アメリカ最大の戦勝大統領と呼んで良いわけですからね。

で、こんなアメリカ史上の聖なる偶像リンカーン、偉大な戦争指導者リンカーンですが、結構色々ダメ人間だったりします。

若い頃のリンカーンの雇い主は、若きエイブラハム・リンカーンのことを回想して言いました、「エイブは恐ろしく怠け者だった。笑ったり、しゃべったり、冗談をとばしてばかりいて、働くのをいやがったが、賃銀を貰う方は大変喜んだ。リンカーンはいつか、自分の父親は働くことは教えたが、仕事が好きになることは教えてくれなかったといっていた」（本間長世『リンカーン　アメリカ民主主義の神話』中公新書、31、32頁）。仕事したくないのも、楽して儲けたいのも割と多くの人に共通する感情ではないかと思うんですが、だからといって、ここまであからさまで、堂々と開き直ってると、流石に、弁護しきれません。若き彼のことはダメ人間と呼ぶしかありますまい。

しかも、政治という天職に乗り出し、働くという点ではダメ人間を克服した後も、彼はやっぱりダメ人間でした。実は彼は身だしなみに全く気を配れない男で、その点で、妻を非常に悩ませていました。すなわち「彼女が洋服屋とくんで、費用を惜しまず努力しても、ついに彼にきちんと洋服を着用させることができなかった。また召使を雇っていたにもかかわらず、最も上品な二人の貴婦人が訪ねてきたとき、リンカーンはワイシャツ一枚で自らドアーをあけて招じ入れることが友情のしるしであると思ったのである。」（ロード・チャーンウッド『リンカーン伝』斎藤数衛訳、創元社、70頁）。彼の妻メアリーは癇癪持ちで、癇癪が起きるとリンカーンは子供を連れて外に逃げ出していたとか、リンカーンの結婚生活は地獄で仕事に逃げ場を求めて政治に打ち込んだとか言われてもいますが、どうみてもリンカーンのダメさが過ぎて、妻が怒ったとしか見えません。あと、天性の政治家リンカーンが政治に打ち込み過ぎて家族を顧みなかったとの推測もあり、そちらの方が政治に逃げたと言うより納得がいきますね。

結局、リンカーンは、マナーなど知らぬ存ぜぬな粗雑で無頓着なダメ人間で、周りにいらだちを与えていたって事です。でも、粗野で無頓着なあまり、キリスト教の根強いアメリカ社会で、公然とキリスト教を信じない態度をとったりしてるので、見る人によっては、リンカーンは、無頓着さの気持ちいい天晴れな豪傑だったと言って良いかもしれませんね。

史上最狂のメイドオタク。空前絶後のキモさで世間のみんなの笑いもの。

キルケゴール

（1813〜1855）

デンマークの哲学者。客観的真理を重んじる従来の哲学的流れを覆し、主観的な心理の探求を行う実存主義哲学の祖となった。

十九世紀のデンマークにキルケゴールという哲学者がいました。実存主義哲学の祖として有名な人らしいです。客観的な真理の追究に励んでいた哲学の世界で、真理を主観的個人的なものと位置づけなおし、思想史上に巨大な転回をもたらした人物だそうです。

そのついでに二四歳の時に一四歳の少女レギーネ・オルセン（1823〜1904）に深い恋心を抱いた勇者だったりもします。その時の彼の日記には「おお神よ、なぜにこのような愛の心が、今この時に私に目ざめねばならなかったのか」（工藤綏夫『人と思想19　キルケゴール』清水書院、63頁）と記してあるそうです。ロリコンという言葉の元になった文学作品、ナボコフの『ロリータ』では、九歳から一四歳の少女は、自分より十歳以上年上の男に対して魔的な魅力を持つことがあるとの文章が書かれているのですが、現在の日本の世間一般での用法と比べて相当に狭く限定されているであろう、この定義に従っても、キルケゴールは、一四歳の少女と十年差で、立派にロリコン認定されてしまうなかなかのダメ人間度を誇る剛の者です。

まあ、その後も彼は愛情を保ち続け数年後には少女と婚約していますから、その年代しか愛せないとかではなく、それほど重症ではなかったと言えるでしょう。ただ、それからまもなく彼はこの婚約を破棄してしまいます。彼の名誉のために言っておくと、婚約してはみたものの、大きくなってしまった少女には以前のような愛情を抱くことができず思い直した、とかいうわけではありません。宗教的な生き方を貫くために、そして宗教的な生き方に巻き込んで不幸にしないために、愛情はあるけど、敢えて別れたんだそうです。哲学とか宗教にはまり込むような過敏な感受性の持ち主が、一人で勝手に盛り上がって思い詰め、婚約破棄とか言って大騒ぎしたってことなんでしょうか？　彼が結婚から逃げた背景に、少々歪んでいた両親の家庭生活の影響を見て取る向きもあるようです。まあ彼の婚約破棄をどう評価するかは、ここでは割とどうでも良いことなので置いておきましょう。

さて、この婚約破棄の体験を元にして、彼は『誘惑者の日記』なる文学作品を書いています。既にそこそこ勇者な彼ですが、この本で桁違いの勇者っぷりを発揮することになります。以下に少しばかり文章を引用してみましょう。

一般に、女中風情に興味はないという男があるなら、それで損をするのは、女中さんたちよりも、むしろそういう男なのだ。女中さんたちの色とりどりな軍勢こそ、ほんとに、わがデンマークの有するもっともすばらしい市民軍なのだ。もしぼくが国王だったら――何をすればいいか、ぼくはちゃんとわきまえているつもりだ――ぼくは常備軍の閲兵などはおこなわないだろう。もしぼくが市の三十二人の議員の一人なら、即座に公安委員会の設置を提案して、視察したり、相談にのったり、熱心に教えたり、しかるべき褒賞をあたえたりして、装いが趣味豊かで注意のよくゆきとどいたものになるよう、女中さんたちの督励に万全の策を講じさせるだろう。どうして美を浪費してよいものか、どうして美しいものを、一生人目につかせずに終わらせてよいものか、せめて週に一度ぐらいは、光を浴びさせて、美しく際だたせてやりたいものではないか！　しかし、それには何より、豊かな趣味が、節度が必要だ。女中が淑女のような服装をしてはいけない。この点では、〝ポリティヴェンネン〟誌の主張は正しいが、尊敬すべき同誌があげている理由は全く間違っている。このようにして女中階級がいつか望ましい花をひらいてくれることを期待することができるとすれば、それは、やがてまた、われわれの家庭の子女に有益な影響をあたえることになろうというものではないか？　それとも、ぼくが、このようにして、真に無比ともいえるほどのデンマークの将来を予見するのは、大胆にすぎるであろうか？　幸いにしてぼく自身、そのような黄金時代に生きてめぐりあうことができるなら、日がな一日、心安らかに、大通りや横町をさまよいあるき、目をたのしませることもできるというものだ。これはまた、ぼくの思いは、なんと遠くまで、なんと大胆に、そしてなんと愛国的に、空想をはせたことだろう！　しかし、ぼくもやはりここフレーアリクスベルクに出かけてきているのである、ここは、日曜日の午後に女中さんたちがやってくるし、ぼくも出かけるところなのだ。（桝田啓三郎訳、ちくま学芸文庫、233～235頁）

要するに彼が言いたいのはこういうことでしょうか？

メイドに興味がない男は人生損してる。デンマーク軍よりメイドは偉い。軍隊鍛える暇があったら、メイドの調教する方がお国のため。ぼくが国王や議員なら軍隊なんかほっぽり出してメイドの調教に励む。普通の女性が着るような服装は却下で、メイド服が必須。メイド文化にどっぷりつかればデンマークの少年少女の未来も明るい。メイドキングダム・デンマークの到来は、それほど大胆な考えではなく、十分に予見できること。そうすればデンマークは黄金時代。生きてそんな時代にめぐりあって、一日中メイドを視姦してたいなあ。メイドキングダム・デンマークを祈ることこそ愛国的。とりあえず日曜日にはメイドを視姦しに出かけよう。

彼の愛国的空想を、どう評すればよいのかよく分かりませんが、とりあえず、あまりに遠く空想はせすぎです。ナショナリズムが肥大化を始めた十九世紀に、軍なんかよりメイドが良いとか言ってのける人間がいたことは、ハッキリ言って驚きです。なるほど、当時はナショナリズムの時代に入ったと言いながらも、軍隊は未だ嫌われていた時代。なんでも産業発展著しい当時においては、市民は、軍人など目指さずともいくらでも身を託すに足る職業を見つけることができたので、軍隊に憧れを感じる理由など無く、むしろ野蛮で無駄金を食い、王や貴族の圧制の手段となる点で、軍隊は市民から嫌われていたのだとか。とはいえ、さすがに軍隊よりもメイドを閲兵というのはいかがなものか。漫画やその他の娯楽作品では近年、軍隊より強いメイドさん部隊とか戦車より強いメイドさんとかがありふれていますけど、現実のメイドさんは、祖国を外敵から守るために、また祖国が列強に互していくために、軍隊の替わりに貢献する特殊な力量なんか持ってないですよ。

なお、この本はキルケゴールの体験を忠実に記録したわけではなく、体験を元に文学的な創造を行ったものですから、これは彼の意見じゃないとすることも不可能ではないかもしれません。彼自身、自分の著作をフィクションと捉え、自分の言葉ではないとし、あくまで実験的に思想を典型的に展開したものと位置づけていています。でもこの箇所は思想的な問題とあまり関係なく、書く必要もない事項を、わざわざ長々と熱っぽく語ったものですから、このようなキルケゴールの著作に対する自己評価を適用する必要はないでしょう。これは無意識の内にうっかりとこぼれ出た偽りのない本心からの発言、思わずさらけ出してしまった彼の性癖であると考えるのが自然かと思われます。だいたいこんな文章、普通の性癖の人間が考えつくはずがありません。

引用した文章に続けてダラダラと具体的情景の妄想が展開されていて、肉づきがどうとかやわらかい肌がとか、勤め先ごとの特徴を云々とか、ねっとりじっくり語り尽くし、嘘の結婚ちらつかせて巧いこと関係を迫ってやろうニヤニヤみたいな……。ホントキモい話ですね。

ちなみに、流石にこれほどの剛の者。現代人たる我々から見てキモいだけではなく、既に十九世紀の生存時からひどくキモいヤツ扱いでした。どういうことかというと、ことの起こりは1846年、キルケゴールの学生時代の友人が、彼に対して雑誌記事で悪意に満ちた人身攻撃をしたことでした。これに対しキルケゴールは反論文を書き、元友人が、当時デンマーク文筆会で恐れられていた有名人のこきおろしに熱心な風刺新聞「コルサール」と関係を持っていることに注目して、人身攻撃したいならさっさと「コルサール」で取り上げるよう挑発、元友人は下品な風刺新聞との関係が公然化して社会的に葬られてしまいます。このあと「コルサール」は、デンマーク文筆界で唯一媚びを売ってこないキルケゴールをむしろ尊敬して、和解を願って接近してきたのですが、キルケゴールはこれを黙殺、事態は一転、キルケゴールと「コルサール」の間で激しい争いがはじまります。ここで「コルサール」は、キルケゴールの不格好な姿勢や服装をネタにした漫画や罵倒記事によって彼のことを嘲笑、その結果、キルケゴールは社会的に孤立し物笑いの種となり、彼が外を歩けば敵意と侮蔑の念を持った野次馬に取り囲まれる有様。そして、世の母親達はだらしない服装の子供をキルケゴール呼ばわりして注意し、町の子供達まで散歩中のキルケゴールをつけまわして嘲り囃し立てたのだとか。

この一連の事件におけるキルケゴールの対応は、和解を黙殺した点はいささか大人げないにせよ、相手が卑劣な三流マスコミである以上、関係を拒んだことは、別に社会の嘲りを受けるようなものではありません。にもかかわらず、彼の姿勢や服装が世間的に見てキモいせいで、キルケゴールは脳天気にマスコミに同調する一般大衆にまで散々に嘲弄されることになったというわけです。なんというか、現代で言うオタクみたいなポジションの人ですね。メイドメイドうるさいですし。言うなれば十九世紀のオタク縦（やせ型オタクのこと）？　まあ、キルケゴールが社会的に孤立した背景には、高みにある存在を失墜させて悦ぶ下品な大衆心理と、知識人たちの彼の才能に対する妬みがあるそうですから、ひょっとしたら、キモくなくても彼は社会的攻撃の対象にはなったのかも知れませんが、それでもキモくなければ、ここまで下品な攻撃や酷い扱いを受けることはおそらくなかったでしょう。

それにしても、この男、なんでこんなに重度のメイドオタクになっちゃったんでしょう？　そういえば、キルケゴールの父親はメイドをレイプして嫁にして（これがキルケゴールの母で、彼の父はこの女性を対等の存在と扱うことは決してなかった）、その後ずっと罪の意識、天罰への恐怖の中で、陰鬱な人生を歩んでいたりします。ひょっとして血なのか？　キルケゴールのメイド好きは血筋なのか？

ちなみにキルケゴールは１８３６年に娼家で童貞を捨て、後悔に駆られて自殺を企て、以後、自分の落とし種が自分を怨みつつ、暗い人生を歩んでいるのではないかと、悩み続けています。衝動に流されて後悔しまくる性格も、随分、父親に似てますね。ほんとダメ人間の血が濃厚な人だなあ。

受験戦争に敗れた傷心と怨念の果てにカルト革命に走ったダメインテリの物語

洪秀全

（1814〜1864）

太平天国の乱の指導者。キリスト教を基にした新興宗教を興して平等主義を唱え、反乱し一大宗教国家を作った。

中国が欧米各国からの侵略を受けつつあった時代において、代表的反逆者であった洪秀全。彼は近代化の先駆として評価される事もあるようです。洪秀全は清代末期に反乱を起こした太平天国の創始者。広東省の客家（他郷からの移住者）の子で、一族の期待を負い、科挙合格を目指し村塾の教師をしながら科挙を四回受験しますが失敗。四度目の不合格後、キリスト教の影響を受け拝上帝会という新興宗教を始めました。拝上帝会は差別・貧困のない平等な世界を理想として禁欲的戒律を説き信者を増やし、1850年には蜂起して戦闘に突入。翌年に太平天国の樹立を宣言して天王と称し、53年には南京を占領して天京と改称し首都としています。その後は内紛により太平天国は内部崩壊。64年に洪秀全は、清の武将曽国藩により包囲された南京において、落城直前に病死しました。太平天国では土地の分配や余剰生産物国有（総称して「天朝田畝制度」といいます）、女科挙といった社会主義・男女平等思想による政策が企画され後世から階級闘争の魁と評価されました。これらの政策は規模が拡大した軍隊や官僚を養う必要があるという実際上の問題から実現には至らず、従来の土地制度を追認せざるを得ませんでしたから、太平天国を近代化の先駆として過大評価することは適当でないと思いますが、少なくとも清朝が外国勢力の力を借りなければ鎮圧できなかった勢力を組織した力量は評価されるべきでしょう。内紛によって分裂した後も、李秀成や陳玉成といった若手武将を登用して持ちこたえ一時期は反攻に出ていますしね。

さて洪秀全は一門が少しでも金に余裕があれば、彼への学資に廻すという篤い期待を受けていました。科挙に合格すれば、一門全てがそれに従って生活水準・社会的地位を上昇できるからです。そうした状況で育った洪秀全の双肩に掛かった負担は相当なものでした。なので、立て続けての不合格は精神に大きな衝撃を与えたことでしょう。一家の切り札のはずがお荷物になってしまったのですから。

三度目の不合格の際にショックで熱病となり、その際に夢で天から妖魔を退治するよう命令されたと言われています。更に四度目の不合格後にはキリスト教布教冊子『勧世良言』を読み、かつての夢はこの内容を表したもので自分は上帝《エホバ》の子・キリストの弟であり世を正す使命を帯びたのだと信じて新興宗教を興したそうです。

……挫折のショックで奇妙な電波を受信するようになったとしか思えません。宮崎市定氏などは、「他の貿易品と同じように、阿片の陸揚げされる港が、広東から上海へ移ると、そこに起った《ママ》のが、広西湖南ルートの阿片商人の失業である。これが重大な結果を生んだというのは、原来密売商人というものの本質は、失業者が多く、善意に取れば、失業保険金の受領者であったと言えぬこともない。今度それが失業したというのは、失業保険金が貰えなくなったことを意味する。失業者がまた失業したのなら、彼等はいったい何処へ行けばよいか。暴動叛乱を起すより外に手はない。」（宮崎市定『中国史　下』岩波書店、536頁）と背景を説明した上で「太平天国の表向きの首謀者は広東でキリスト教義を学んだ洪秀全であるが、実際の中心人物は、阿片密売をしていた楊秀清であった。阿片密売者は自身では阿片を吸わぬのが原則である。併し洪秀全のほうは阿片中毒に罹り、自己がキリストの兄であるという幻覚を生じ」（同）たものであると述べています。……洪秀全、ボロクソな評価ですね。阿片の効果は幻覚よりもむしろ思考停止を伴う恍惚感らしいのですが、その話は余談。

やがて、教団は秩序壊乱を警戒する政府と衝突するようになり、洪秀全は権力奪取を目標に武装闘争を開始。……エリートを志したものの挫折し、カルト宗教を開いたものの世俗と衝突、以前のルサンチマンもあり権力を求め蜂起。新興宗教で結束を固め流賊として軍勢を増やし各地を攻略する。太平天国の行動パターンは伝統的なカルト宗教・伝統的な中国反乱のそれと言って差し支えありません。

しかし南京を占領し自らの宮殿に入ってからは表に出ることはなく、贅沢な生活に耽り女色に溺れたと言われています。それも一般信徒は異性との接触を禁じられているにもかかわらず幹部は多数の美女を侍らせ乱脈の限りを尽くしたとか。また、虫の居所が悪いと侍女を殴打したり茶坊主を処刑した事もあったようで、天晴れな俗物ぶりで、どうしようもないダメ人間です。あげくに天京陥落直前になると、変に意固地になってしまったようです。食料がなくなったと報告があった際に「天露（野草）を食え」と命令し、反論されると「それなら俺が食って見せる」と草を食べて体調を崩し命を落とす羽目になったとか。

洪秀全は挫折続きの結果、電波を受信した俗物でした。それでも、苦しい人生を強いられている人々には、高尚そうな理想を掲げたインテリ教祖様に魅了される人も少なくありません。腐っても鯛、歪んでもインテリ。挫折は人を育てるとは限らず、歪めてしまう事もある。難しいものです。

社会の歯車になりたくないと仕事を捨てて田舎に走り、迷走と堕落を重ねに重ねたキ印くん

ビスマルク

（1815〜1898）

ドイツの大政治家。プロイセンの首相として、富国強兵と外交に手腕を振るい、プロイセンによるドイツを統一を導いた。

ビスマルクは、ドイツ東北辺境を支配するプロイセン王国の政治家で、当時無数の小国による割拠状態にあったドイツをプロイセン主導の統一へと導いた人物です。

彼は、議会で多数を誇る自由主義者と保守主義の政府が軍備拡張を巡って対立する情勢下、1862年にプロイセン首相となりました。1848年の自由主義者による革命騒ぎの際に故郷の人々を集めて反革命運動に乗り出そうとしたほどの保守主義者である彼は、ここで「ドイツがプロイセンに注目しているのは、その自由主義ではなくして力である。……現下の大問題は言論や多数決――これが一八四八〜四九年の大錯誤であった――によってではなく、鉄と血によってのみ解決される。」（望田幸男『ドイツ統一戦争　ビスマルクとモルトケ』教育社歴史新書、81頁）との鉄血演説をぶちあげ、軍拡反対の自由主義者の憤激を買い、またこれにより「鉄血宰相」の異名を得ることになります。実は、ビスマルク的にはこれは物騒な政策を声明したわけではなく、国内紛争よりも対外問題が切迫しているという事実を強調しただけのつもりらしいんですが、どうにも言葉が物騒過ぎて、ゴリゴリに保守で軍拡賛成のはずのプロイセン王まで驚いてビスマルクを辞めさせようかと悩んだようで、

まして、自由主義者が憤激するのは当然だと思います。

そして演説の真意はともかく、ビスマルクは以後、演説のイメージ通りの鉄血政策に邁進します。議会の反対を無視して予算議決無しで軍拡を強行し、自由主義者の不満は対外戦争による国民的熱狂と経済発展政策によって押し流してしまい、彼は、プロイセン国民およびドイツ民族の総力をドイツ統一のための大戦争へと方向付けていきます。そして彼は、優れた外交戦略と謀略を駆使して、オーストリアやフランスといった、プロイセン主導のドイツ統一に立ちふさがる反対勢力を押さえ込み、プロイセンのドイツ統一戦争を見事成功させたのです。そしてドイツ統一後も彼は天才的な外交力を発揮し、対独復讐を企むフランスを外交的に孤立させ、ヨーロッパの国際関係がドイツの不利にならないよう力を尽くしました。

ドイツ人というのは歴史的に見て、とても強いのにその強さを一個の現実的な国家戦略に練り上げる能力の点で難があるってイメージで、なんかいつも、戦闘では大いに暴れながら戦争の成り行きはイマイチって感じなんですが、ビスマルクはそんな無駄なドイツ人の強さを見事現実政治の枠内に押し込んで一個の国家戦略に練り上げるという快挙を成し遂げたわけです。なかなか大した偉人と言うべき人物ですね。

ところがこんな戦略センスに長けた大政治家・大外交家ビスマルクには、自分の人生の戦略を練り上げられずに、無茶苦茶な迷走暴走繰り返す、ダメ人間時代がありました。実は彼は若い頃、役人になったものの、あっさりその職を投げ出したことがあります。そもそも、彼は大学で法学部に入りながら法律の勉強などせず歴史書や文学に耽溺していた痛い過去を持つ人物なんですが、そんな元ダメ学生の本領発揮と言って良いかも知れません。そして、その際の彼の言い分としては、「「プロイセンの官吏はオーケストラの一員で、第一バイオリンかトライアングルを受け持つ人間みたいなものだ。……だが私のやりたいのは」と自分の本性の核心を打ち明けて、「自分で見事だと思う通りの音楽を演奏して見せることで、それ以外は何も欲しない。」」（エーリッヒ・アイク『ビスマルク伝　第一巻』救仁郷繁訳、ぺりかん社、39頁）。要はボクは社会の歯車になんかならない、個性的に自分だけの道を行き自分だけの仕事がしたいんだということで、元ダメ学生に相応しい痛さですね。こうして、彼は父祖伝来の農場経営をしに田舎へと引っ込んでしまいます。社会の歯車は嫌だと飛び出して行き着く先がスローライフってわけです。

ですが、ビスマルク、学生時代には大酒飲んで決闘を繰り返した落ち着きのない男。そもそもスローライフに耐えられる精神構造などしておりません。結局、刺激のないスローな田舎暮らしに、うんざりしてきます。「彼は生活の退屈を打開しようとして、さまざまな道を求めた。その際に尊大で乱暴な愚行をしばしば演じ、正にご乱行に及んだため。間もなく「キ印ビスマルク」の異名を奉られることになった。」（同43頁）。しかも、この素敵な評判のお陰で貴族娘に求婚して失敗したりもしています。堅実な人生に背を向けた、自分探しの迷走の果てに、世間の軽蔑の視線でハリネズミの、クズのポジションを得てしまいました。そして、この求婚失敗による精神的苦痛と農村スローライフの退屈を紛らわすために、彼は頻繁に旅行を繰り返すようになっていきます。今度は自分探しの旅ですか、またまた大変ご立派ですね。その後、彼は地主貴族であったおかげで、プロイセンが全国的な議会を結成するに際し、貴族身分代表議員として召集され社会復帰することができたんですが、貴族に生まれてて良かったですね。

ある時ニートは閃いた、共産主義にして社会の富をみんなで平等に分けたら世界は幸せになれるよ!

マルクス

（1818〜1883）

ドイツの経済学者・哲学者でエンゲルスと共に共産主義思想を創始。二十世紀の冷戦における東側の理論的根拠となった。

二十世紀後半に世界の半分を席巻した共産主義の創始者といえばマルクスです。彼はヘーゲルの観念的弁証法といった難しい哲学理論を吸収し批判して弁証法的唯物論を形成。更に古典派経済学をも批判的に摂取し、資本主義から社会主義へと至る歴史発展の法則を明らかにするマルクス主義を創唱しました。また、終生革命家として国際共産主義運動に尽力しています。主著は『資本論』や『共産党宣言』です。

彼は間断なく研究・執筆活動・社会運動に取り組み数多くの著作を残しましたが、これらはほとんど金にならず妻子は長く貧困に苦しみました。そのため、子供たちには幼くして病死したものも多く、妻は精神的平衡を失う事すらあったそうです。マルクスは妻と長年の大恋愛の末に結ばれ、大変な子煩悩であったと言いますから自責の念は大きかったと思われます。何度か新聞を発行したり『ニューヨーク・トリビューン』や『チャーチズム』など進歩的な新聞に寄稿したり『百科全書』の多くの項目を書いたりして幾許かの報酬をもらっていましたが妻子を養うにはとても足りず、マンチェスターで製糸業を営んでいた盟友エンゲルスから毎月数十ポンドの援助を受けており実質的には彼に養われていると言って過言ではありませんでした。社会的な圧力のためしばしば居場所を転々としていたためもありますが、定職に長きに渡って就いていないニート同然の存在と言ってよいでしょう。

妻子の苦しみを見るに見かねて研究より生活を優先すべく、鉄道会社の書記として就職しようとしたこともありましたが、非常な悪筆のため採用されなかったと言う事です。また、エンゲルスに「まるで小娘のようにはずかしがっている」（大内兵衛『マルクス・エンゲルス小伝』岩波新書、１４９頁）などと言われている所から考えると、人見知りし対人関係を苦手としていた可能性もありそうです。一方で社会主義者・革命家仲間の間では論争相手を激烈に攻撃する事などから自信家で傲慢との評価が定着していたようです。

そんな調子でしたから彼の家計は破綻状態で、相当な額の遺産を相続したものの家族の病気などでたちまち雲散霧消。かなりの浪費家であったとも言われ、比較的良い部屋を借り、肉・チーズ・ワインといった食生活をして（マルクスは大食家であったといわれます）避暑地へ毎年旅行するなど収入に見合わない生活を営んでいたのも支出超過の大きな原因でした。そのため前述したエンゲルスからの経済的援助を受けてようやく生活する有様で、上記の旅行費用もエンゲルス持ちであったと言われています。時にはエンゲルスの内縁の妻が亡くなった知らせを受けた際にその返事で金の工面を求めてエンゲルスを怒らせた事すらあったようです。なかなか好い根性してますね。本人は「これほど金に困っていながら金について書いた人間はかつてなかったと思う。この題目を扱った著者の大部分は〈自分たちの研究題目〉と完全に仲よく暮らしていたのだから。」（ピエール・デュラン、大塚幸男訳『人間マルクス』岩波新書、１２７頁）と自嘲していますが、経済学者の癖して自身の生活レベルでの金銭感覚に問題があったと言えそうです。頭脳の偉大さと生活能力とは全く相関しない事を如実に示してくれる人物ですね。

で、そんな状態なのに彼はメイドさんと同居し、しかもメイドさんに手出しして子を産ませています。問題のメイドさんの名はヘレーネ・デムート、愛称レンヒェン。彼女はザール地方の農家に生まれ、幼い頃からマルクス夫人の実家であるヴェストファーレン家に仕えマルクス夫人と共に育ちました。で、マルクスがブリュッセルに亡命した際にヴェストファーレン家から送られ、以降はマルクス一家にとってなくてはならない存在となるのです。マルクスと親交のあったウィルヘルム・リープクネヒトはこう記しています。

「マルクスが家庭を持ってこのかた、レンヒェンは、マルクスの娘の一人がいったように、〈家の中心〉となり、言葉の最も完全な、最も高い意味で、いっさいの仕事をやってのける補助者となっていた。彼女が頼まれない仕事があっただろうか？　彼女が喜んで果たさない仕事があっただろうか？　……しかも常に陽気で、常に手助けしようと待ち構え、常にほほえみを忘れない彼女であった。」

「マルクス夫人が病気のときや気分のすぐれないときには、レンヒェンが夫人の代わりをつとめた。それに子供たちにとって常に第二の母ではなかったか？」

「マルクス夫人と彼女との関係の性質を正確に述べれば、この家で独裁をふるっていたのはレンヒェンであり、権力を握っていたのはマルクス夫人であったといえよう。マルクスはこの独裁に仔羊のように服従していた。ことわざにも、従僕にとっては偉人はない、という。レンヒェンの目には、マルクスも決して偉人ではなかった。……（中略）……マルクスは彼女を敬服させることはできなかった。彼女はマルクスを知り尽くしていた、その狂癖をもその弱点をも。されば彼を思いのままにしたのである。彼がどんなに癇癪を起こすときでも、誰も傍に寄りつかないほどがなり立てる時にも、レンヒェンはライオンの巣窟にはいっていき、ライオンがぶつぶつ言っているると、激しくいさめるので、ライオンは仔羊のように柔順になるのであった。」（ピエール・デュラン『人間マルクス』大塚幸男訳、岩波新書、90〜92頁）

家事を完璧にこなし、世事に長じ、家庭を切り回し、御主人様にどこまでも忠実で、必要な時には締めてくれる。ここから伺えるレンヒェンは、完璧なメイドさんといえますね。

さて1851年、レンヒェンは男の子を出産。エンゲルスがすぐにこの男児、フリードリヒ・デムートを自分の子として認知し養育しましたが、実際の父親がマルクスであった事はエンゲルス自身が死の直前に認めています。また、フリードリヒも「ユダヤ人だということがはっきりとわかるあの顔、ふさふさした青黒い髪に、『将軍』とどこか似たようなところがあるなどと思うには、よほどの盲目的な先入観が必要」（同97頁）という容貌でしたから間違いないでしょう。ちなみに「将軍」というのはエンゲルスの渾名です。彼等の知人は後に「マルクスは離婚を恐れていました。彼の妻は非常に嫉妬ぶかかったからです。彼はあの子を愛してはいませんでした。あの子のためには何一つしてやる勇気がありませんでした、そんなことをしたら大へんなスキャンダルを捲き起こしたことでしょうから。」（同97頁）と書き残しています。

……全くもう。マルクスの伝記を書いたヴェルナー・ブルーメンベルクはこの事件について

「マルクスの価値をなんらそこなうものではない。尊敬すべき市民の模範であったディケンズが、二十の恋愛生活を送っていたことが発見されたからといって、その価値を減じるものではないのと同じように。また、ベートーヴェンが、彼の崇拝者の一人に女の子を産ませたといわれているからといって、その価値を減じるも

のではないのと同じように。立派な方々にお願いするが、どうか偏狭な道徳至上主義は振り回さないでほしい。ディケンズやベートーヴェンと同じく、マルクスもまた――彼がその渦中にあってもがいていた闘争がどんなものであったかをわれわれが知るならば――より一そう偉大なものとして現われる。もっと弱い生まれつきの人間であったら、あの過酷にして困難な生活におそらくは圧しつぶされていたであろう。しかし彼は、すべてそうした困難のただ中で、仕上げるべきその仕事を持っていたのである」（同98～99頁）。

と必死な弁護をしています。確かに、マルクスがメイドさんに手を出したからといって彼が貧しい労働者のためを思い思想的闘争をしていた事実は動きませんし、彼の著作の価値が下がるわけでもありません。そしてメイドさんに御主人様が手を出すのは決して珍しい事でもありませんでした。しかし、生活苦の中でやることはしっかりやっておいて、家庭内不和やら社会的・経済的責任やらを恐れて友人に全責任を引き受けてもらうというのはやっぱりあまりにみっともないと思います。道徳的非難はともかく、彼をヘタレと言ったりダメ人間呼ばわりする事くらいは許されるでしょう。

あと、余談ですがマルクスはこれ以外にもレンヒェンの義妹であるマリアンネや姪のナネッテ・フィリップス、他にハノーファーのテンゲ夫人とも関係があったらしく、結構お盛んだったようで。

定職もなく金もない、妻子を抱えながらの半ニート生活はマルクス自身にも周囲にも大きな苦しみであったと思われます（その割にメイドさんに手を出したりもしてますが）。その中から近代世界を大きく動かす事になる思想が生まれました。実際に施行された共産主義は大きな矛盾を孕み数多くの犠牲者を出して失敗に終わりましたが、資本主義の下での経済格差拡大が再び注目を集める現在、彼の思想・理想は再評価されています。

趣味はお絵かき、ケーキが好物、シャイでデートもしたこと無い、意外とヘタレな悪の独裁者

ヒトラー

（1889～1945）

ドイツの独裁者。周辺諸国へ勢力拡大を目論んで第二次世界大戦を起こし、敗北。ユダヤ人絶滅を目論み大虐殺したと言われる。

ヒトラーは誰知らぬもののないドイツの独裁者ですが、全世界に戦乱を巻き起こした上にユダヤ民族浄化を目論んだとして現在に至るまで悪の権化とされている人物です。かつて『千年帝国の興亡』というゲームソフトが出されました。第二次大戦をドイツ軍としてプレイするゲームですが、オープニングで「絶望に沈む人々を　さらに恐慌の嵐が襲った　その時一人の指導者が現われ　我々に生きる希望と　勝利の栄光を与えた　弾圧と暴力と共に　我らが征くは勝利の覇道か　あるいは破滅への道か」というメッセージに続いてヒトラーの演説映像が登場します。……ゲーム自体の出来は良いのですが、洒落にならないというか何というか各方面からの抗議が心配な作品ですね。しかしまあ、政権初期のヒトラーが経済政策や外交政策で成果を出していた事やらを考えると、案外これは当時の少なからぬドイツ人の実感だったのかもしれません。政治的混乱や経済的苦境にあったドイツを掌握するや、軍事産業重視で経済を再建し国民生活レベルの改善を果たした上に外交・軍事的成功で領土の拡大が達成されたのですから、夢のようだと思うドイツ人も多かったのではないかと思います。一方でナチス政権下では統制や各種の奉仕活動、軍事教練、募金活動といった国家総動員体制が日常生

活を圧迫し重苦しい不快感を与えていたのも事実のようです。因みに政策決定の際には、決断を専門家に任せる事も多かったようで、独断で決定した政策は意外に少ないともいわれます。一方で軍事面ではかなり我を通したようですけどね。良くも悪くもヒトラーが偉材であったのは間違いないようです。

ヒトラーはオーストリア生まれで、１９１９年にドイツ労働者党に参加、これを国家社会主義ドイツ労働者党と改称し党首となっています。１９２３年にミュンヘン一揆に失敗するものの、その後もワイマール共和制打倒・ベルサイユ条約打破・反ユダヤ主義を主張して党勢を伸ばし３３年に首相に就任し一党独裁制を確立。翌年大統領を兼ねて総統となり、軍備を拡張し対外勢力拡大を果たしました。１９３９年にはポーランドへの勢力拡大を目論んだのを契機に第二次大戦を起こししばらくは快進撃を続けますが、最終的に敗北し自殺しました。ユダヤ人の絶滅を目論み強制収容所で多数を殺害したとされ、人類史に残る悪人として名を残しています。

さて、ヒトラーは学生時代には聡明さを指摘されながらも、数学など根気良い勉強を必要とする科目は苦手としていたそうです。癇癪が強くまたひどいはにかみ屋のため女性と付き合うこともなかったと言います。青年期にある女性に一目惚れし『愛する人への賛歌』なる詩を作ったり彼女を歌劇『ワルキューレ』の女神になぞらえたりしています。その癖、近づいて知り合いになる勇気を出せず、友人と彼女を誘拐しようかと考えたりするもののもちろん実行する度胸はありませんでした。そして実は一度だけ恋文を出したのですが相手に何の印象も与えていません。一方で本人は知り合ってもいないのに相手が自分を待っていてくれるだろうと信じていたようです。ヘタレな上に思い込みが強く痛々しい話ですね。また芸術家として成功することを夢想し一般学校に進学して就職するのを拒み、中途退学して美術学校受験を志向。その癖すぐにはウィーンには行かず、地元で洒落た格好をしてカフェに入り浸り美術館を回る生活を続けていたそうです。

ウィーンの美術学校を受験し二度にわたり不合格となりましたが、一回目は一次試験を突破している事や不合格になった人の中には後に画家として名を挙げた例もあることから、必ずしも才能がなかったわけではないようです。この時期、画家や建築家のアトリエに紹介され出入りしていましたが、長続きしませんでした。他にも社会問題など様々なものに興味を持っては飽きるといった事を繰り返し、ワーグナーのオペラに熱中ししばしば通い詰めていたと言います。また、宝くじを買って、当たった金で家を買うと決めてその設計をするという皮算用ぶりを見せ、挙げ句に外れて激昂する有様。父親の遺産を受け継いでおり、経済的には特に困窮していた訳ではないようですが、本人にとっては進路の見えない不本意な日々が続いたようです。この頃から酒は飲まなかったようですが、クリームケーキが大好物で権力者になってからも側近が呆れるほど沢山食べていたといいますから少なくともこの時期は必ずしも節制のためというわけではないようです。もっとも、後年には菜食主義者になったそうですが。

彼は基本的に働かず働いても長続きせず、特に肉体労働を強く嫌っていたと言います。この当時、失業者宿泊所に寝泊りし自分の描いた絵を売って金の足しにしていましたが、失業者宿泊所にいたのは住所を公開せずオーストリアの兵役から逃れるためであり、両親の遺産が残っていたため生活に困っていたと言う訳ではないようです。その後はドイツのミュンヘンに移住し特に就職するでもなく独学で色々読書にいそしんだようですが、この移住も兵役逃れが目的であったといわれています。

しかし第一次大戦の際には自ら志願兵となり前線でも勇敢であったといわれますから、兵役忌避は単なる臆病のためではなさそうです。これは「ドイツ民族主義者であったため（多民族国家であるオーストリアの兵役を拒否した」という本人の弁をとりあえず一応は信じる事にしましょう。

大戦後にしばらくは軍に残り新兵などに政治教育を担い、この際に演説の才能を指摘されました。この才能で頭角を現すのは政党に参加してからの事です。政治活動に熱中したのは、自らの演説で人々に注目を浴びる事を望んだのがきっかけとも言われています。

彼が世に出たのは自らの志向・才能を最終的に一致させ、これにより多数の人々に認められることに成功したためと言えます。しかし、彼は長い不遇の日々の中で深く歪んでしまったと思われます。民族自尊主義・特定民族への反感それ自体は、決して褒められた事ではないにしろ珍しい事ではありません。しかし、それが選民的なレベルまで増長し特定民族などを「生きるに値しない」として抹消させようと意図するまでになると話は別で、どれほど好意的に見たとしても許容の範囲を超えています。「悪の権化」扱いもむべなるかなと言わざるを得ません。また、不遇時代に催眠術や占いなどの迷信的なものに強く興味を持ったと言われ、壮年期はある程度自制して現実的に動いていましたが、晩年には戦況悪化や病気進行もあってか我の強い非合理な面が強く出て戦災を拡大させる結果となりました。

彼の少年時代の家庭環境はごく一般的な中流〜上流のそれであったそうですし、青少年時代のヒトラーはどこにでもいる芸術家気取りのはねっ返りに過ぎません。やはり歪みの原因は不遇時代に求めるのが最も妥当でしょう。生計を立てること自体には困らなくとも、才能を認められず発揮できない日々は「だれもおれのことはわかっちゃいねぇんだ‼」「おれは天才だ！」（武論尊・原哲夫『北斗の拳』文庫版三巻、集英社文庫、361頁）「天才のこのおれがなぜぇ～!!」（同四巻、25頁）とばかりに自尊心を傷つけられていたのは想像に難くありません。またそんな日々での独学は彼の思想を独善的なものにし、挫折に伴うルサンチマンも手伝って、これが彼を固陋な民族主義・反ユダヤ主義に導き傾斜させたと言われています。そういえば水木しげる先生による伝記漫画『劇画　ヒットラー』で、下宿管理人のおばさんに結婚について尋ねられた若き日のヒトラーが「おばさん　僕が貧乏して　女にもてないのは　すべてユダヤ人のせいなんです　何十万というドイツの処女たちがあのガニマタのユダヤ人たちに　毎日誘惑されているかと思うと　気が狂いそうです」（水木しげる『劇画　ヒットラー』ちくま文庫、40頁）などと痛過ぎる台詞を吐くシーンは印象的でした。まあさすがにこんな事を実際に言ったかは極めて疑問ですが、色々な思い込みが頭を駆け巡って怨念が積もっていたとは言えるでしょう。上述のように極端な奥手で女性に声をかけられなかった劣等感もこれに絡んでいそうな感じです。

そんな彼が世に出るきっかけを掴んだ時、「おれを認めなかったばかどもをいずれおれの前で平伏させてやるわ～!!」「媚びろ～!!　媚びろ～!!　おれは天才だファハハハ!!」（武論尊・原哲夫『北斗の拳』文庫版三巻、集英社文庫、363頁）といった感じで歪んだ思想と共に暴走する事になったのかもしれません。

ヒトラーはいわゆる「芸術家気質」。それだけに不遇な時代はその繊細な精神に深い傷を与え、それが全世界規模で大きな災厄をもたらしました。こうした人物は、社会不適応であると同時に繊細で尖鋭な感性・知性を持っている可能性を秘めており、不遇な環境による歪みはそれだけに大きくなると思われます。ましてや、社会的迫害が彼らに与えられた場合には最悪どのような事態を生みうるか。試練は人を成長させるとは限らないようです。何とも考えさせられますね。

人生とは反抗だ、戦争だ　～年甲斐もなくこの世の全てに牙を剥く永遠の反抗期小僧（オッサン）～

ユンガー

（1895～1998）

近現代ドイツを代表する文学者。過激な軍国主義文学を著す一方、ナチス軍国主義に対する文学的抵抗でも知られる。

エルンスト・ユンガーはドイツの文学者。彼は近現代ドイツを象徴する大文学者であり、「ドイツ社会の動きを鋭敏につげる「地震計」と呼ばれ、作物は「魔術とリアリズムをとかしあわせたもの」と評される。」（兵澤静也『現代思想』1984年1月号、175頁、ユンガー「総動員」への解説）とか。

で、そんな風に評されるユンガーは、激しい近現代の社会変動を反映して、一言では括れない様々な色合いの著作を生み出していますが、その内とりわけ印象的なのは、第一次大戦後、1920年代～30年代にかけての著作です。彼は、第一次大戦に参戦して、少なくとも七回負傷するという過酷な戦場体験を経た人物なのですが、それによって反戦精神など欠片も育てることはなく、むしろ一次大戦後、身をもって体験した残酷醜悪な戦争を、知りに知り尽くした残酷醜悪さ故に賛美する、異常に過激な軍国主義的作家として身を立てるに至っています。

実は、一次大戦の兵士達は、十分な給養を与えられていて、平常時の市民生活と比べてはるかに物的に恵まれた生活をしており、さらに戦友との冒険や友情が日常では得られない精神的満足感を与えてくれるなど、結構、戦場生活を楽しんでいたのですが、そのせいで元兵士達は後々まで戦争時代を懐かしんでいたとか言われています。ですから、戦場を経て反戦に転ばなかった程度の人間はそこらにざらにいるわけで、それだけなら別に変でもすごくもなんでもないのです。しかし、そんな戦場での冒険だ友情だ、戦争によって満たされる物欲だのという要素に眩惑されることなく、ユンガーは戦争の残虐醜悪さを明晰に捉えて、戦争の残虐さ醜悪さに着目しており、それでいながら、なおそこに怖気を感じることなく、むしろそこにこそ歓喜する。この彼の精神は、ハッキリ言って、かなり変な人です。そのへんてこな精神に少し触れるため、彼の軍国主義的著作の一つ『内的体験としての戦闘』から少々文章を抜き出すと、

精神世界の新星は、かつて東方の博士達に示された、世界を変える予言、嵐の予兆のように、全ての目覚めし人々に向けて輝きを放っている。星々が灼熱の炎に没し、偶像は砕け散り、あらゆる様式は無数の溶鉱炉を経て、融解し新たな価値へと新生するだろう。

時代の波があらゆる方向より攻め寄せる。学問、社会、国家、神、芸術、エロチシズムは、崩壊する、動揺する、すなわち再生する。今なお景色は目まぐるしく入れ替わり、破片の渦巻く大都会は釜のごとく。それでも熱狂は散逸し、炎の奔流も一個の秩序へと冷え静まるだろう。あらゆる狂乱は、いつかは重い壁の前に消え去り、鋼鉄の握り拳の前にくびきへとつながれる。

なぜ我々の時代は今その力で、破壊と創造を成しつつあるのか？　なぜ我々の時代は今、限りない希望を孕んでいるのか？　多数の人々を熱下に焼き殺す一方で、炎は無数の蒸留器の中へ未来と奇跡を抽出しつつある

のだ。いかなる予言書にも示されてはいないが、そこには未来への展望が、確かな歩みが存在する。

戦争こそが、人と時代を、今ある姿へ変えたのだ。時代を覆う力を組み伏せるため、世界という名のコロシアムへと人間が足を踏み入れる、その最初の世代が我々だ。この世代にとって、暗く激しい戦争から、明るい日常へ逃げ戻るなど断じてありえない。我々にとっては、人が拒絶するであろうことも、拒絶するなどあり得ない。戦争は、万物の父であり、我々にとっても父である。槌で打ち、のみで刻み、今の我らを鍛え上げたのは戦争なのだ。確かに我らは、子が父を乗り越え上回るように、戦争を克服したけれど、それでも戦争は、我らにとっては、新天地を求めて谷へ下るまでを過ごした、懐かしい山々なのだ。そして我らの人生の車輪が回りつづけている限り、戦争はそのための車軸であり続けるだろう。戦争が我々を戦闘に向けて教育し、我々に生ある限り、戦闘こそが我々なのだ。……

ところで戦争は我らの父であるのみならず、我らの子でもまたあるのだ。我らは彼を生み、彼は我らを生んだ。我らは鎚で打たれ、のみで刻まれた者、しかるに他方で鎚を振り、のみを走らせた者、鍛冶屋であると同時に火花を散らす鉄鋼、自らの迫害行為の殉教者、駆動装置の性質を備えた伝導装置。

明かりの溢れる町と地下通路を満たすざわめき、水面の輝きに囲まれたカフェ、きらびやかな光の帯と化した街並み、色とりどりのリキュールでいっぱいのバー、会議のテーブル、最新の流行、刻々と流れてくるニュース、日々の問題、毎週起こる大事件、その中で様々な仕事と快楽に引き裂かれ孤立していた旧時代の人類、それよりはるかに我々は、熱狂的な文化の母胎の中で、揺るぎない団結を生きている。技術的にまた生産的に、我々は殉教者アキバ・ベンの微笑みを浮かべながら芸術の終端に立っており、世界の謎の数々は既に解消してしまったか、まさに解消されつつある。結実の時が到来し、間もなく超人が現れる。

これまでの凡庸な生活から、我々は誇らしく目覚めの時を迎える。物質に飽和した時代の嫡子たる進歩は、神秘の鍵たる機械、望遠鏡にして顕微鏡たる認識器官として、完成した姿を現す。輝き続ける磨き抜かれた皮膜、ありとあらゆる衣服によって、我々はあたかも奇術師のように身を飾ったけれど、結局、我々は、森林や草原の人々と同様に、裸で粗野なままであったのだ。

戦争がヨーロッパの連帯を引き裂いたとき、そのことは明らかとなった、そう我々は既に失墜し嘲笑の対象となっていたはずの旗と紋章を掲げて、太古からの定めに従い、互いを対立させたのだ。その狂宴の雄叫びの中で、真の人間は忘却の時を埋め合わせていった。協調と律法によって永らく抑えられていた衝動こそが、唯一の神聖な究極の真理であった。もはや、幾世紀の成り行きの中で頭脳的に厳格に造り上げてきた作法になど、拳にみなぎる荒れ狂う力は、従ったりはしないのだ。

……

（『内的体験としての戦闘』序文より）


切れてます。いかれてます。超カッコイイ。とても実践したいとは思えないものの、ここまでキチガイな世界観、言語芸術としては最高です。人間精神のある種の狂気の果ての果てまで進んで見せた彼の文学は、一個の偉業と申せましょう。というわけで、このエルンスト・ユンガー氏は個人的には凄くカッコイイ超偉人としてプッシュしまくりたいわけなんですが（実はちょっとしか彼の文章読んだことはないにもかかわらず）、そんな彼も、実のところは、割と見事なダメ人間。

それを理解するために、ここで、彼の半生の略歴を見てもらうことにしましょう。

まず、連合国にナチスドイツが敗北した二次大戦後、彼はその好戦的言動やナチスとの関わりが非難されたほか、非ナチス宣言書への署名拒否によって連合国から1949年まで出版禁止処分を受けています。そして、そこから敢えて遡る形で彼の半生を辿っていきたいのですが、1943年、戦争の犠牲は十二分に払われたとして平和とそこから生まれる新たなヨーロッパ像を説いた論文『Der Friede（平和）』を書くが、これは翌44年のヒトラー暗殺計画に精神的影響を与えることになる。39年、野蛮人による平和な土地の荒廃を描いた寓意小説『Auf den Marmorklippen（大理石の断崖の上で）』を書くが、これはナチスに対する抵抗文学とされている。37年、国家反逆罪で強制収容所送りとなった国家主義者ニーキシュの家族を一時自宅に引き取る。33年、ナチスによる文学アカデミーへの招聘を拒んで秘密警察ゲシュタポの家宅捜索を受ける。27年、ナチスの提供する国会議員の地位を拒絶。

なんというかナチズムというファシズムにも反ナチズム反ファシズムという名のファシズムにも屈しない、孤高の闘士って感じでとてもカッコイイわけなんですが、ここからもっと遡ると、この格好良さが「あれっ?」って感じになってきます。

過激な軍国主義者、国家主義者であった彼は、1920年代後半、旧前線兵士の団体や様々な国家主義運動家と接触し、右翼革命家として行動するがいずれの場合も路線対立を起こして、次第に政治的実践の世界からは距離を取る。

……え、右翼革命家？　つまり、ファシスト？　別に孤高を主義にしてるわけでも、反ファシズムでもなんでもない……。しかも……何？　この団結力の無さ？　なんで団結を尊ぶはずの右翼革命家、ファシスト＝全体主義者が、ここまで団結心に欠けてるの？　孤独な全体主義者、集団から浮いてる右翼革命家って、理屈から言えば、何か微妙におかしくない？　とりあえず、理屈じゃなしに、誰彼構わず反発してるだけ？

そして一次大戦を逆向きに飛び越えると……

１９１２年、エルンスト・ユンガー少年、家出してフランス外人部隊に入隊するも、父が外務省に手を回して家へと連れ戻される。

……、ひょっとして、反ナチス宣言を拒否したのも、ナチスに抵抗したのも、これの延長なだけじゃないですかねえ？　要は、いい年のオッサンになった後も、中身は、眼前の秩序になんでも反発して飛び出したがる、反抗期の小僧のままで、オッサンだけど若気の至りって感じ。理屈や主義主張じゃなしに、ついカッとなってやっちゃっただけなんじゃないかと……。

そういえば、ユンガーは百歳超えてもまだ作家として書いてたらしいんですが、ひょっとして死にも老いにも反抗期小僧スピリットで抗い続けてたんじゃないでしょうか。

というわけで、五十年、いやひょっとすると百年間、ずっとずっと大人にならない永遠の反抗期小僧、なかなか天晴れなダメ人間じゃないですか？

薬にはまった英国首相、積極果敢な攻撃外交、錯乱破綻の精神状態、薬中が舵取る英国外交の明日はどっちだ

イーデン（1897〜1977）

イギリスの政治家。1940〜45年にかけて戦時内閣の外相として活躍。55年首相。スエズ動乱参戦で失敗し57年に引責辞職。

アンソニー・イーデン卿はチャーチル政権で第二次大戦中のイギリス外交を主導した人物です。イーデンは国際連盟担当相を経た事を契機に外交デビューし、当初はスペイン内乱への不干渉を唱えるなど宥和的な側面も見せていましたが、第二次大戦前夜にドイツ・イタリアへの宥和政策に反対し、戦争が始まるとチャーチル政権で長らく外相を務め戦時外交を強力に主導したそうです。戦後にもジュネーブ会議開催に大きな役割を果たしたとか。比較的早い段階でチャーチルの後継者として見做され「皇太子」と呼ばれるなど、政治家としては毛並みがよく日本の英語の教科書にも英国紳士の典型として登場したそうです。ところが彼は、イギリス・フランスが権利を有していたスエズ運河をエジプトが国有化しようとしたことから勃発したスエズ動乱の際には対応を失敗。軍事的には優勢だったのですが、西側諸国の盟主であるアメリカを含めた国際世論の非難を浴び停戦と自身の退陣を余儀なくされたのです。

そんな彼ですが、スエズ動乱への舵取りに苦悩した首相時代にダメな噂が流れています。この戦争においてイギリスの戦争指導は、カイロの空爆を同地にいる英国大使を巻き添えにするのも構わず命じるなど、異常な

事態が多かったようですが、これに関してイーデンがこの頃に覚醒剤に依存していたからだとする説もあるのです。イーデンは胆嚢炎のため1953年に手術を受けていますが、それからしばらくは医師から処方された注射・錠剤を続けていました。それが覚醒剤であるアンフェタミンで、そのために依存症状態になってイーデンの判断に影響を与えたのではないかと推測する向きもあるようです。実際、イーデンが神経質で激情的になり、絶え間なく喋り続け敵対者の名前が出るとヒステリックになったという証言もありますし、イーデン自身が「その時期は、事実上それによって生きているようなものだった」(小長谷正明『ヒトラーの震え毛沢東の摺り足』中公新書、27頁)と述懐しているとも言われます。ただ、彼を覚醒剤依存症と断言するのはちょっと待った方が良いかもしれません。確かに焦燥感や怒りっぽさは覚醒剤が切れた時に出現する症状の一つではありますが、イーデンは元来が激情家だったそうですし、戦況が悪ければ誰だって神経質になるでしょうから、どの程度信頼性があるかは微妙ですね。まして、彼はエジプトのナセル大統領をヒトラーやムッソリーニと同様な危険人物と見なしていたようですから感情的になるのは尚更自然な事ではないかと。

ちなみに、イーデンだけでなく第二次大戦末期のヒトラーにも覚醒剤を使用した疑惑があるらしいです。晩年のヒトラーはパーキンソン病に悩まされており、当時は特に治療法もない時代でした。そんな中、経験的に覚醒剤によって一時的に症状が軽減することを知って用いるようになったのではないかとされています。実際、昼には重症で動くこともままならなかったヒトラーが夜には全盛期のような精悍さを取り戻した姿で現れたという証言もあるようです。

覚醒剤は使用することで爽快感・疲労感軽減といった効果が得られるそうですが、薬が切れると焦燥感が生じ、それから逃れるために連用することで依存状態になると言われています。やがて集中困難・増動・幻覚・妄想・猜疑・不安・抑うつ・情緒不安定・抑制欠如・攻撃性といった精神症状が現れるようになり、中止した後も何かの契機でこうした症状が再燃する事があるとか。かつては医療目的で使われたこともあったようですが、そうした毒性のため社会問題となっています。覚醒剤は人生を狂わせますので、決して使用しないようにしてください。本当に。

国家の命運を賭けた戦争中に、多くの人々の命を握る首相や総統がシャブ中……。嫌過ぎる事態ですね。妄想や攻撃性といった覚醒剤依存症の症状で判断の狂いが出たりしたら、洒落になってません。まあ、誤解のないように申し上げると当時は覚醒剤も医療用として使用されていましたので、使用すなわち違法というわけではなかったのです。それに、イーデンの場合は疑惑が事実だとしても、治療中に生じた事故のような気もしますので本人のせいだとばかりはいえません。それでも笑って済むレベルを踏み越えた困った事態には変わりありませんけど。

あと、スエズ動乱で生じた異常事態や対応の失敗もイーデン個人の問題というより、急速に凋落する中で大国としての矜持を守ろうと足掻くイギリスの焦りが生んだものと捉えるべきだという意見が現在は主のようです。斜陽の時代における苦悩の中で国家首脳に生まれた不名誉な伝説。イーデンはある意味で英国衰退における人身御供だったのかもしれませんな。

リンドレー『太平天国　李秀成の幕下にありて　全四巻』増井経夫・今村与志雄訳、平凡社
増井経夫『中国の二つの悲劇　アヘン戦争と太平天国』研文出版
並木頼寿・井上裕正『世界の歴史19　中華帝国の危機』中央公論社
高島俊男『中国の大盗賊』講談社現代新書
宮崎市定『中国史　下』岩波書店
陳舜臣『陳舜臣中国ライブラリー３　太平天国』集英社
佐藤哲彦・清野栄一・吉永嘉明『麻薬とは何か』新潮選書
エーリッヒ・アイク『ビスマルク伝』救仁郷繁訳、ぺりかん社
『週刊朝日百科　世界の歴史113　19世紀の世界３　人物』
大内兵衛『マルクス・エンゲルス小伝』岩波新書
ピエール・デュラン『人間マルクス』大塚幸男訳、岩波新書
W.ブルーメンベルク『マルクス』浜井修訳、理想社
的場昭弘『マルクスだったらこう考える』光文社新書
「マルクス・エンゲルス選集第13巻　新潮社」より「マルクス伝　向坂逸郎著」
D.マクレラン『マルクス伝』杉田四郎・重田晃一・松岡保・細見英訳、ミネルヴァ書房
J. Spargo『カール・マルクス伝』村上正雄訳、三田書房
メーリング『マルクス伝（上）（下）』向坂逸郎訳、白揚社
マルクス・エンゲルス『共産党宣言』大内兵衛・向坂逸郎訳、岩波文庫
マルクス・エンゲルス『資本論綱要他四編』向坂逸郎訳、岩波文庫
村瀬興雄『アドルフ・ヒトラー』中公新書
ヴルフ・シュワルツヴェラー『独裁者ヒトラーの錬金術』佐々木秀訳、西村書店
藤村瞬一『ヒトラーの青年時代』刀水書房
大澤武男『青年ヒトラー』平凡社新書
水木しげる『劇画ヒットラー』ちくま文庫
ルイス・スナイダー『アドルフ・ヒトラー』永井淳史訳、角川文庫
J. フェスト『ヒトラー（上）（下）』赤羽龍夫・関楠生・永井清彦・佐瀬昌盛訳、河出書房新社
G.プリダム『ヒトラー権力への道』垂水節子訳、時事通信社
S.ハフナー『ヒトラーとは何か』赤羽龍夫訳、草思社
大森実『人物現代史１　ヒトラー　炎の独裁者』講談社
小長谷正明『ヒトラーの震え毛沢東の摺り足』中公新書
アドルフ・ヒトラー『わが闘争 上・下　完訳』平野一郎・将積茂訳　角川文庫
上山春平・三宅正樹『世界の歴史23　第二次世界大戦』河出書房新社
『ADVANCED WORLD WAR～千年帝国の興亡～』セガ
カイヨワ『戦争論　われわれの内にひそむ女神ベローナ』秋枝茂夫訳、法政大学出版局
エルンスト・ユンガー『ヘリオーポリス　下』田尻三千夫訳、国書刊行会
『現代思想』1984年1月号
『Encyclopaedia Britannica 2007』
『歴史群像シリーズ43　アドルフ・ヒトラー戦略編』学研
Ernst Juenger "Der Kampf als inneres Erlebnis" E.S.Mittler & Sohn
マイケル・ハワード『ヨーロッパ史と戦争』奥村房夫・奥村大作訳、学陽書房
『イーデン回顧録Ⅰ～Ⅳ』湯浅義正・町野武・南井慶二訳、みすず書房
佐々木雄太『イギリス帝国とスエズ戦争』名古屋大学出版会

ギー・ブルトン『フランスの歴史をつくった女たち　第４巻』曽村保信訳、中央公論社
澁澤龍彦『妖人奇人館』河出文庫
E．クレッチュマー『天才の心理学』内村裕之訳、岩波文庫
『Encyclopaedia Britannica 2007』
飯塚信雄『フリードリヒ大王　啓蒙君主のペンと剣』中公新書
金澤誠・進藤牧郎・阿部重雄・村岡晳・赤井彰『世界の戦史　第六巻　ルイ14世とフリードリヒ大王』人物往来社
長谷川輝夫・大久保桂子・土肥恒之『世界の歴史17　ヨーロッパ近世の開花』中央公論社
『ヤンデレ大全』インフォレスト
アラン・ダンデス『鳥屋の梯子と人生はそも短くて糞まみれ――ドイツ民衆文化再考』新井皓士訳、平凡社
『モーツァルトの手紙　その生涯のロマン（上）（下）』柴田治三郎編訳、岩波文庫
石井宏『素顔のモーツァルト』中公文庫
ブリギッテ・ハーマン『伝記モーツァルトその奇跡の生涯』池田香代子訳、偕成社
「参議院会議録情報第159回国会総務委員会第8号」（http://kokkai.ndl.go.jp/SENTAKU/sangiin/159/0002/15903300002008c.html）
オクターヴ・オブリ編『ナポレオン言行録』大塚幸男訳、岩波文庫
志垣嘉夫編『世界の戦争７　ナポレオンの戦争』講談社
ロバート・サウジー『大航海者の世界VII　ネルソン提督伝』山本史郎訳、原書房
ホルスト・アルトハウス『ヘーゲル伝　哲学の英雄時代』山本尤訳、法政大学出版会
澤田章『人と思想１７　ヘーゲル』清水書院
リュティガー・ザフランスキー『ショーペンハウアー　哲学の荒れ狂った時代の一つの伝記』山本尤訳、法政大学出版会
『スーパー・ニッポニカ Professional』小学館
C．S．フォレスター『ネルソン提督伝　“われ、本分を尽くせり”』高津幸枝訳、東洋書林
フランシス・トイ『ロッシーニ　生涯と芸術』加納泰訳、音楽之友社
ロミ『悪食大全』高遠弘美訳、作品社
『オペラ鑑賞ガイド』小学館
永竹由幸『オペラと歌舞伎』丸善ライブラリー
ゼークト『モルトケ』齋藤榮治訳、岩波書店
『戦略論大系３　モルトケ』片岡徹也編訳、芙蓉書房出版
望田幸男『ドイツ統一戦争　ビスマルクとモルトケ』教育社歴史新書
渡部昇一『ドイツ参謀本部』中公文庫
本間長世『リンカーン　アメリカ民主主義の神話』中公新書
ロード・チャーンウッド『リンカーン伝』斎藤数衛訳、創元社
K．C．ホイーア『リンカン』小原敬士・本田創造訳、岩波新書
『世界の戦争８　アメリカの戦争』講談社
工藤綏夫『人と思想19　キルケゴール』清水書院
キルケゴール『死に至る病　現代の批判』桝田啓三郎訳、中公クラシックス
セーレン・キルケゴール『誘惑者の日記』桝田啓三郎訳、ちくま学芸文庫
ナボコフ『ロリータ』大久保康雄訳、新潮文庫
増井経夫『太平天国』岩波新書

福本秀子『ヨーロッパ中世を変えた女たち』ＮＨＫ出版
『世界女性人名事典　歴史の中の女性たち』日外アソシエーツ
『週刊朝日百科　世界の歴史　53　13世紀の世界　人物』朝日新聞社
『中国古典文学大系　19巻　宋・元・明・清詩集』前野直彬訳、平凡社
宇野直人『漢詩の歴史――古代歌謡から清末革命詩まで』東方書店
陳舜臣『中国の歴史　５』平凡社
会田雄次・中村賢次郎『世界の歴史12　ルネサンス』河出書房新社
徳善義和『マルチン・ルター生涯と信仰』教文館
鈴木眞哉『下戸の逸話事典』東京堂出版
「戚継光伝」（『明史』）
『グラフィック戦史シリーズ戦略戦術兵器事典　⑦中国中世・近代編』学研
三田村泰助『宦官　側近政治の構造』中公新書
野口武彦『江戸の兵学思想』中公文庫
長谷川輝夫・大久保桂子・土肥恒之『世界の歴史17　ヨーロッパ近世の開花』中公文庫
今井宏『世界の歴史13　絶対君主の時代』河出書房新社
ロミ『悪食大全』高遠弘美訳　作品社
キャスリン・アシェンバーク『不潔の歴史』鎌田彷月訳、原書房
『日本大百科全書』小学館
サティーシュ・チャンドラ『中世インドの歴史』小名康之・長島弘訳、山川出版社
佐藤正哲・中里成章・水島司『世界の歴史14　ムガル帝国から英領インドへ』中央公論社
ジェフリ・パーカー『長篠合戦の世界史　ヨーロッパ軍事革命の衝撃　1500～1800年』大久保桂子訳、同文舘
石田保昭『ムガル帝国とアクバル大帝』清水新書
ベルニエ『ムガル帝国誌』関美奈子訳、岩波文庫
サティーシュ・チャンドラ『中世インドの歴史』小名康之・長島弘訳、山川出版社
パーシヴァル・スピィア『インド史　３』大内穂・李素玲・笠原立晃訳、みすず書房
アンドレ・クロー『イスラーム文化叢書　３　ムガル帝国の興亡』岩永博訳、法政大学出版局
パーシヴァル・スピィア『インド史　３』大内穂・李素玲・笠原立晃訳、みすず書房
『週刊朝日百科　世界の歴史78　17世紀の世界１　人物』
サティーシュ・チャンドラ『中世インドの歴史』小名康之・長島弘訳、山川出版社
石田保昭『ムガル帝国とアクバル大帝』清水新書
『スーパー・ニッポニカ Professional』小学館
小林道夫『デカルト入門』ちくま新書
伊藤勝彦『人と思想11　デカルト』清水書院
野田又夫『デカルト』岩波新書
種村季弘『怪物の解剖学』河出文庫
アダン『デカルトと女性たち』石井忠厚訳、未来社
大類伸監修『世界の戦史　第六巻　ルイ14世とフリードリヒ大王』金澤誠・進藤牧郎・阿部重雄・村岡晳・赤井彰、人物往来社
ヴォルテール『ルイ14世の世紀』丸山熊雄訳、岩波文庫
飯塚信雄『バロックの騎士　プリンツ・オイゲンの冒険』平凡社
窪田般彌『女装の剣士　シュヴァリエ・デオンの生涯』白水社

伊藤政之助『世界戦争史　西洋中世篇１』原書房
リデル・ハート『戦略論　上』森沢亀鶴訳、原書房
『週利朝日百科　世界の歴史28　5~6世紀の世界　人物』朝日新聞社
塩野七生『ローマ人の物語　XV』新潮社
宮崎市定『隋の煬帝』中公文庫
『世界歴史大系　中国史２——三国～唐』山川出版社
氣賀澤保規『則天武后』白帝社
中野美代子『中国ペガソス列伝　政治の記憶』中公文庫
陳舜臣『中国の歴史　四』平凡社
『週刊朝日百科　世界の歴史33　７～８世紀の世界　人物』朝日新聞社
高島俊男『李白と杜甫』講談社学術文庫
松浦友久編訳『李白詩選』ワイド版岩波文庫
王運熙・李宝均『李白その人と文学』市川桃子訳、日中出版
『中国詩人選集7・8　李白　上・下』武部利男訳、岩波書店
『中国詩文選14　李白　武部利男』筑摩書房
『古典世界文学25　李白』筑摩書房
駒田信二『中国詩人伝』芸術新聞社
武論尊作・原哲夫画『北斗の拳　文庫版三巻』集英社
エインハルドゥス／ノトケルス『カロルス大帝伝』國原吉之助訳、筑摩書房
『ローランの歌／狐物語　中世文学集II』佐藤輝夫ほか訳、ちくま文庫
『週刊朝日百科　世界の歴史33　７～８世紀の世界　人物』朝日新聞社
井上浩一・栗生沢猛夫『世界の歴史11ビザンツとスラブ』中公文庫
井上浩一『生き残った帝国ビザンティン』講談社学術文庫
亀井高孝・三上次男・林健太郎・堀米庸三編『世界史年表・地図』吉川弘文館
ENCYCLOPAEDIA Britannica（http://www.britannica.com/）
宮崎市定『世界の歴史６　宋と元』中公文庫
愛宕松男『世界の歴史11　アジアの征服王朝』河出書房新社
砺波護『馮道　乱世の宰相』中公文庫
三田村泰助『宦官』中公新書
三浦國雄『中国の人と思想７　王安石』集英社
松丸道雄・池田温・斯波義信・神田信夫・濱下武志編『世界歴史大系中国史３』山川出版社
伊原弘・梅村坦『世界の歴史７　宋と中央ユーラシア』中公文庫
宮崎市定『中国史（下）』岩波全書
植村清二『中国史十話』中公文庫
レジーヌ・ペルヌー『リチャード獅子心王』福本秀子訳、白水社
『世界の戦史　第四巻　十字軍と騎士』人物往来社
John Gillingham “RICHARD I AND THE SCIENCE OF WAR IN THE MIDDLE AGES”
（『WAR AND GOVERNMENT IN THE MIDDLE AGES』John Gillingham・J.C. Holt編
THE BOYDELL PRESS・BARNES&NOBLE）
ジャン・ド・ジョワンヴィル『聖王ルイ　西欧十字軍とモンゴル帝国』伊藤敏樹訳、ちくま学芸文庫
アラン・サン＝ドニ『聖王ルイの世紀』福本直之訳、白水社
ジャック・ル・ゴフ『聖王ルイ』岡崎敦・森木英夫・堀田郷弘訳、新評論

宮崎市定『中国史　上』岩波書店
『大辞林』三省堂
『史記世家（下）』小川環樹・今鷹真・福島吉彦訳、岩波文庫
『史記列伝（三）』小川環樹・今鷹真・福島吉彦訳、岩波文庫
司馬遷『史記下』野口定篤訳、平凡社
班固『漢書５　列伝Ⅱ』小竹武夫訳、ちくま学芸文庫
田中芳樹『中国武将列伝（上）』中央公論社
『プルターク英雄伝（九）』河野与一訳、岩波文庫
『世界ノンフィクション全集22　ナポレオン/ジンギスカン実録/アレクサンダー大王/シーザー』筑摩書房
長谷川博隆『カエサル』講談社学術文庫
塩野七生『ローマ人の物語　8～13』新潮文庫
弓削達『世界の歴史５　ローマ帝国とキリスト教』河出書房新社
塩野七生『ローマ人の物語　14～18』新潮文庫
スエトニウス『ローマ皇帝伝（上）』国原吉之助訳　岩波文庫
タキトゥス『古典世界文学21』筑摩書房
タキトゥス『年代記（上）』国原吉之助訳　岩波文庫
青柳正規『皇帝たちの都ローマ』中公新書
ディオゲネス・ラエルティオス『ギリシア哲学者列伝（中）』加来彰俊訳、岩波文庫
『中国古典文学大系13　漢書・後漢書・三国志列伝選』本田済訳、平凡社
渡邉義浩・堀内淳一・島田悠編『全譯後漢書』汲古書院
陳舜臣『中国の歴史　三』平凡社
陳寿『正史三国志５蜀書』井波律子訳、ちくま学芸文庫
劉達臨『中国性愛文化』鈴木博訳、青土社
『大日本百科全書』小学館
陳寿『正史三国志』今鷹真・井波律子・小南一郎訳、ちくま学芸文庫
横山光輝『三国志』潮出版社
武内義雄『中国思想史』岩波全書
宮崎市定『中国史　上』岩波書店
加地伸行『儒教とは何か』中公新書
井波律子『酒池肉林』講談社現代新書
王瑤『中国の文人「竹林の七賢」とその時代』石川忠久・松岡榮志訳、大修館書店
『エンカルタ百科事典』マイクロソフト
大辞林第二版、三省堂
宮崎市定『世界の歴史７　大唐帝国』河出書房新社
井波律子『裏切り者の中国史』講談社選書メチエ
『世説新語・顔氏家訓』森三樹三郎訳、平凡社
鈴木眞哉『下戸の逸話事典』東京堂出版
岡村繁『陶淵明　世俗と超俗』NHKブックス
井波律子『奇人と異才の中国史』岩波新書
『新修国語総覧』京都書房
エドワード・ギボン『ローマ帝国衰亡史６』朱牟田夏雄・中野好之訳、筑摩書房

参考文献 （記事順に各記事の参考文献を列挙、重複あり）

司馬遷『史記』野口定男・近藤光男・頼惟勤・吉田光邦訳、平凡社
陳舜臣『中国の歴史　一』平凡社
貝塚茂樹『中国の歴史　（上）（中）（下）』岩波新書
『週刊朝日百科　世界の歴史８　紀元前の世界２　人物』朝日新聞社
『史記列伝５』小川環樹・今鷹真・福島吉彦訳、岩波文庫
南條竹則『中華文人食物語』集英社新書
『日本大百科全書』小学館
『大辞林第二版』三省堂
ディオゲネス・ラエルティオス『ギリシア哲学者列伝（上）（中）（下）』加来彰俊訳、岩波文庫
田中美知太郎『ソクラテス』岩波新書
村田数之亮・他『世界の歴史４　ギリシア』河出書房新社
桜井万里子・本村凌二『世界の歴史５　ギリシアとローマ』中央公論社
『エンカルタ百科事典』マイクロソフト
クセノポン『ソークラテースの思い出』佐々木理訳、岩波文庫
プラトン『饗宴』久保勉訳、岩波文庫
プラトン『ソクラテスの弁明・クリトン』久保勉訳、岩波文庫
『中国の思想10　孫子・呉子』村山孚訳、徳間書店
『中国古典文学大系７　戦国策・国語（抄）・論衡（抄）』常石滋・大滝一雄訳、平凡社
陳舜臣『中国の歴史　二』平凡社
『スーパー・ニッポニカ Professional for Windows』小学館
シュヴェーグラー『西洋哲学史　上』谷川徹三・松村一人訳、岩波文庫
『バートランド・ラッセル　西洋哲学史』市井三郎訳、みすず書房
『プルターク英雄伝（四）』河野與一訳、岩波文庫
「ディオドロス・シクルス『歴史叢書』第十六巻より「フィリッポス二世のギリシア征服」訳および註（下）」森谷公俊訳、帝京史学９号
エヴァ・クールズ『ファロスの王国　古代ギリシアの性の政治学』中務哲郎・久保田光利・下田立行訳、岩波書店
ケネス・ドーヴァー『古代ギリシアの同性愛』中務哲郎・下田立行訳、リブロポート
中野幸次『人と思想５　プラトン』清水書院
フラウィオス・アッリアノス『アレクサンドロス東征記およびインド誌　本文篇・注釈篇』大牟田章訳、東海大学出版会
大牟田章『アレクサンドロス大王　「世界」をめざした巨大な情念』清水新書
アーサー・フェリル『戦争の起源』鈴木主税・石原正毅訳、河出書房新社
F.E.Adcock『The Greek and Macedonian Art of War』
山崎元一『世界の歴史３　古代インドの文明と社会』中公文庫
宮崎市定『中国史　上』岩波書店
宮崎市定『世界の歴史７大唐帝国』河出文庫
司馬遷『史記』野口定男・近藤光男・頼惟勤・吉田光邦訳、平凡社

あとがき

征服者として君臨する英雄がいた。

祖国の危機を救った勇士がいた。

賢才を崇められた知者がいて、人柄を讃えられた聖者がいた。

人々の敬意を集めた、史上数多の偉人達。

遙か高みに飾られた彼らの、真の姿を、人々は黙殺した。彼らは地上の半神、仰ぐべき偶像として、輝くことを強制され、反面、異能異形の者として、妬み恐れられ、敵意・断罪・涜聖の的とされた。

彼らが、自分たちと等しいただの人であることを、人々は忘れることにした。彼らは、偉人と呼ばれることで、歴史の生け贄として吊し上げられ、人間であることを封じられてしまった。

その偉人達の、封じられた人間性に、今、救済の刻が来る。彼らの黙殺された真の姿が、今、人々の敬意と妬みの呪縛を逃れて、我々の目の前に鮮やかに蘇る。


偉人の真の姿を解放する、愛と衝撃の歴史物語、『ダメ人間の世界史』登場。お求めは全国の書店で。

同時発売『ダメ人間の日本史』

……何を書いているのかと不審に思われたり、訳の分からなさに突っ込んだり呆れられたりしそうですが、書いてる側は、一応、真剣に「あとがき」を書いているつもりです。なにせ、「あとがき」というのは、本屋で本を手に取るや、思わず真っ先に開いてしまう謎の魔力を持った部位。多くの人にとって、「まえがき」とか、「目次」より、早くに目にするところに違いないのです、多分。となると、そこに、本を買って貰うための内容紹介と宣伝文句を入れておかない法などない。

もちろん書かねばならぬことがあって、スペースがギリギリとかいうのなら、それも断念せざるを得ませんが、書かねばならぬことは「まえがき」と「本文」で十分に書いてます。それなのに、結構なページ数の「あとがき」で書くよう、指令が出たりしています。そのため何をおいても書かねばならないような事項はなく、されどスペースは大量に有り余っているという現状。それならどう使うかイマイチ当てのないその広大な「あとがき」スペース、機嫌良く内容紹介と宣伝に活用させてもらいますとも。

とはいえ、丁寧に本の意図やコンセプトの観点から紹介宣伝するのは「まえがき」としてやっていることですし、お軽い調子で読者の目を引くの試みは、見出しと目次でやっています。それなのに、ここでそれらと同じ様なことを繰り返す必要は全くない。そうではなくて、それらと全く色合いを変えた別種の宣伝工作を行うべき。ということで、無駄に大仰でカッコつけた宣伝文句を打ってみた次第。もっとも本の内容は、愛と衝撃というよりは、なんとも情けない偉人達の裏の顔に笑えるやら情けなくて泣けるやらで、むしろ哀と笑劇といった感じ。そんな文章なので、さっきやった宣伝の大仰さとカッコつけはほとんど詐欺スレスレな気もしますが、まあ、宣伝とはそういうもの。これは仕方がないのです。

ですが、その大仰な調子が気に入らないという方がおられるかも知れないわけで、そういう方は購入不可の判断を下すのを、もう少しだけ、ホントにあと少しだけ待ってください。どうか、まえがきと目次の方も見て、判断を下すのはそれからのことに。とりあえず、真面目な語り口が好きな方は「まえがき」、お軽い語り口が好きな方は「目次」の方へ。

というわけで、紹介終わり。さて、さらに残ったスペースはどう埋めましょうか。

あとがきも商品の一部を構成している以上、できることなら読者の皆さんにとって有用なことか楽しめることの、どちらかが書きたいんですが。

そうだ、せっかくだから、番外、「落選ダメ偉人略伝」。本文で取り上げようとは思わないけど、捨てるには惜しい落選ネタを、ここで披露しておきましょう。そうすれば、「あとがき」から読んでいる人には味見用の体験版として役立つでしょうし、最後に読んでる人にはお得感ある「おまけ」になるでしょうしね。

この本、実は、作者側の意識としては、年代や地域や活躍分野のバランスとか、ネタが被りすぎないようにとか、ある程度配慮して作ったものです。それにしてはドイツ多すぎとか、哲学者が過剰とか、年代的な広りを確保するために中国ネタに頼りすぎてるとか、結構バランスの崩れてるところもありますが、なかなか美味しいネタが、都合良く地域や年代や活動分野を綺麗にバラして登場するという訳にも行かないので、あちらを立てればこちらが立たず、ある程度の偏りは仕方ないのです。で、とにかく、作者なりにバランスに配慮した結果、似たような時代地域分野に他の候補者がいるから落選してしまった人がチョコチョコいたりするわけです。また、ネタ的に弱いとか、こいつを偉人と呼ぶのはちょっと避けたいな、とか、こいつダメ人間とか笑ってネタにするレベルじゃなくて単なるクズなんじゃないか、とか色々思い悩んだ果てに、落選してしまった人もいます。そういう産業廃棄物の中から小マシなやつを、リサイクルしておこうというわけですよ。

まずは、ローマ共和国ダメ政治家列伝。

ローマ共和国末期の負け組知識人政治家は生き様が割りとセコくてダメ人間。ポンペイウスとかカエサルとか大物軍人政治家が大暴れしてる時代に、小利口に小うるさく弁論こねくった挙げ句、負け組に入っただけの人たちなので、歴史上の偉人と言えるのか微妙ではあります。

キケロ。紀元前一世紀のローマ共和国の知識人、雄弁家、政治家。共和政の信奉者で、独裁者を目指すカエサルの敵対者にして批判者となった。そのくせ、カエサルと敵対陣営の内乱においては、落ち目の敵対陣営を裏切って、カエサルの好意と庇護を求めて擦り寄っていく。それでも、巧みにヌケヌケとカエサルに取り入る図太さがあれば大したものだが、カエサルの側まで行ってカエサルに声かけて貰うのをもじもじ待ってる、肝っ玉の小さな人。

小カトー。紀元前一世紀のローマ共和国の知識人、雄弁家、政治家。共和政の信奉者で、独裁者を目指すカエサルの敵対陣営に付いて戦い抜いた。敗北後、カエサルに許しを求めるようにとの周囲の勧めを拒んで、共和政に殉じて割腹自殺した高潔な人物として知られているが、実のところ、カエサルの寛大さを熟知の上でカエサルの温情に期待し、息子や娘をカエサルに託すような人物である。

次は、ローマ帝国近親相姦千年史。

千年を越えるローマ帝国の歴史には、姪との近親相姦で世の顰蹙を買った人々が何人も。娘とか妹が相手の場合と比べて微妙にネタ的な香ばしさ、キモさに欠けるのが残念なところ。娘や妹なら当選なのに。

クラウディウス。一世紀のローマ帝国皇帝。冴えない容姿のために世間に軽侮されたが、博識かつ良心的な皇帝で、官僚制の整備など、行財政の改革・効率化に成功した。姪を相手に近親相姦した。

ヘラクレイオス一世。七世紀の東ローマ帝国（ビザンツ帝国）皇帝。周辺勢力の侵攻に苦しむ帝国を救おうと奮闘し、一時とはいえ小康をもたらすことに成功した。愛人であった姪との近親相姦で世の顰蹙を買う。

マヌエル一世。一二世紀のビザンツ帝国（東ローマ帝国）皇帝。優れた武勇と巧妙な外交術で後期ビザンツ帝国に一時絢爛たる成功の時代をもたらした。姪との近親相姦で世の顰蹙を買う。

今度は落選ダメ人間思想家群。

思想家はダメなヤツ多すぎです。でも、政治家や軍人のように共同体の運命背負った人より文人や思想家が目立つような偉人伝はおかしいと思います。だから思想家は色々落選させました。

ルソー。一八世紀の知識人。平気で泥棒とかする。泥棒の罪を好きな女の子になすりつけたことあり。青年期の放浪中に庇護してくれた女性と「ママン」「プチ（坊や）」と呼び合い、ママンとセックス。育児書書きながら、捨て子しまくり。子供の頃の尻叩きの罰でマゾヒスト開眼。女装趣味疑惑とかもある。余りに色々ロクでもないために、色々あり過ぎてこんな男書けない、とか、ダメ人間とか言うレベルなのかこれは、とか、自然回帰を説いた思想家として高名というのも、野蛮でロクでなしの田舎者が都会の社交界の利口ぶった人たちに珍獣扱いで面白がられただけで、実は偉人ではないんじゃなかろうか、とか、様々悩んで落選させた人。

カント。一八世紀のドイツの哲学者。性への関心が薄く童貞を貫いた人。もっともそれは虚弱な体質が原因で、話もうまく、女性人気はあったらしい。とはいえ、主人がこんななので召使いは結婚しても告げるに告げられず、その上、その召使いの結婚を知って怒ったとかなんとか。やっぱり女性や結婚を忌避しているのか？

ショーペンハウアー。一九世紀のドイツの哲学者。異常な女性蔑視、女性嫌悪で知られる。そのくせ、メイドさん相手に簡単に惚れ込んで、友人に呆れられたことも。メイドさんと私生児を作ったことは、身分意識の厳しい昔では顰蹙もの。ちなみに、メイドに手出しした思想家って点で、色々本文の人物とネタが被っている。まあ身分差・経済格差の大きい時代、権力恐い＆主人の寵愛から利益を得たいメイドさんと、簡単に性欲解消したい主人の側の合意の形成は容易なことだったのでしょう。

以上「落選ダメ偉人略伝」でした。こんな感じに検討選別して来たという作成の内幕公開にもなり、まあまあ「あとがき」らしい感じと言えなくもないでしょうか？それでは、そろそろお別れといたしましょう。

最後になりましたが、購入者の方へ。お買いあげ、ありがとうございました。

山田昌弘

ダメ人間の歴史 VOL1

ダメ人間の世界史

引きこもり・ニート・オタク・マニア・ロリコン
・シスコン・ストーカー・フェチ・ヘタレ・電波

2010年3月20日初版第1刷発行

山田昌弘（やまだ・まさひろ）

mail: phephemol@hotmail.co.jp

大阪府出身。京都大学法学部卒。前近代軍事史マニア。前近代軍事史なら、西洋のみならず日本や中国、インドまで全時代を通じて扱う物好きな人間。軍事史以外も衝動的に色々手出するが、平安・鎌倉時代の文学が個人的にブーム。ダメ人間シリーズにもこの辺りの影響は顕著。

麓直浩（ふもと・なおひろ）

mail: fumocchi24@hotmail.com

和歌山県生まれ。京都大学医学部卒。勤務の傍らで、歴史に関連して読書やあれこれと書き散らす事を魂の慰めとする。現在、気に入っている分野である日本の南北朝時代や日本娯楽文化史などを中心に、気の向くままに手を出している。本居宣長を個人的に敬愛。

こすも（カバーイラスト）

mail: kosumo_tetoras_xh@mail.goo.ne.jp

著者	山田昌弘&麓直浩
カバーイラスト	こすも
編集&装幀	濱崎誉史朗
発行人	松田健二
発行所	株式会社 **社会評論社** 東京都文京区本郷2-3-10 Tel 03-3814-3861 Fax. 03-3818-2808 http://www.shahyo.com
印刷&製本	株式会社技秀堂